ACCESO GRATIS *a la Lectura en la Nube*

Para visualizar el libro electrónico en la nube de lectura envíe junto a su nombre y apellidos una fotografía del código de barras situado en la contraportada del libro y otra del ticket de compra a la dirección:

ebooktirant@tirant.com

En un máximo de 72 horas laborables le enviaremos el código de acceso con sus instrucciones.

AF276460

Guerra Santa al sur del Sahara

Guerra Santa al sur del Sahara

Alberto Masegosa

tirant humanidades
Valencia, 2025

En caso de erratas y actualizaciones, la Editorial Tirant Humanidades publicará la pertinente corrección en la página web www.tirant.com.

Director de la colección Ágora
JOAN ROMERO GONZÁLEZ

© Alberto Masegosa

© TIRANT HUMANIDADES
EDITA: TIRANT HUMANIDADES
C/ Artes Gráficas, 14 - 46010 - Valencia
TELFS.: 96/361 00 48 - 50
FAX: 96/369 41 51
Email: tlb@tirant.com
www.tirant.com
Librería virtual: www.tirant.es
DEPÓSITO LEGAL: V-810-2025
ISBN: 978-84-1081-168-3
MAQUETA: Innovatext

Si tiene alguna queja o sugerencia, envíenos un mail a: *atencioncliente@tirant.com*. En caso de no ser atendida su sugerencia, por favor, lea en *www.tirant.net/index.php/empresa/politicas-de-empresa* nuestro procedimiento de quejas.

Responsabilidad Social Corporativa:
http://www.tirant.net/Docs/RSCTirant.pdf

Este libro está dedicado a Amaya,
Amiel y Enzo

El autor quiere expresar su agradecimiento a Ignacio Cembrero y Beatriz De León Cobo

Índice

Capítulo 1
La línea del horizonte

Hay quien piensa que la frontera natural en el Sahara es el propio Sahara. A vista de pájaro, una inmensa tierra de nadie que se extiende desde la cordillera del Atlas y el Golfo de Sirte, en el norte, hasta el valle del río Senegal, el cauce fluvial del Níger y la depresión del lago Chad, en el sur; miles de kilómetros que se adentran en un escenario yermo e inhóspito en el que se suceden barreras geográficas que parecen infranqueables; océanos de dunas, mesetas pedregosas e inexpugnables macizos montañosos que separarían, en el tiempo y el espacio, el África Blanca y el África Negra. Pero más que separar, el Sahara ha unido a esos dos mundos a través de las caravanas que han traído y llevado mercancías, hombres e ideas entre el Magreb, en árabe el Oeste del Islam, y el Sahel, etimológicamente en esa lengua la Costa, la orilla meridional del desierto. En el Sahara la única frontera natural es la línea del horizonte.

Quienes los antiguos griegos llamaron garamantes, ancestros de los bereberes y en consecuencia de los tuareg, fueron los primeros que en el siglo V antes de Cristo comerciaron con los pueblos del sur del continente, donde precedieron a los árabes en el tráfico de sal, oro, esclavos, especias, animales exóticos. Los árabes legaron después su fe religiosa, lengua y cultura a los pueblos nativos y en los siglos XIII y XIV ese mestizaje convirtió a ciudades de la orilla meridional del Sahara en prósperas metrópolis comerciales y respetados centros espirituales que irradiaron ciencia y saber en el orbe islámico. El tercer pueblo extranjero que dejó impronta es europeo. Los franceses irrumpieron en la región tras colonizar en la segunda mitad del siglo XIX el Magreb. Como los árabes, trajeron su lengua, y en menor medida fe religiosa, mestizaje y cultura. Bereberes, árabes y franceses llegaron del norte. Y si hay algo en lo que también coinciden es que nunca llegaron a controlar de manera permanente el territorio en el que existen barreras geográficas que parecen infranqueables. La inseguridad es crónica donde la única frontera natural es la línea del horizonte, en la que han alternado comercio, peaje y rapiña, o han sido términos sinónimos. Excepto por cortos intervalos y de forma solo parcial, en el desierto siempre ha imperado la ley del desierto. Es decir, la ausencia de ley.

En más de sesenta años de independencia, en el Sahel también han existido dos mundos aunque en su mayor parte la demografía ha invertido la relación de fuerzas y ha trasladado el poder político de los antiguos esclavistas a los antiguos esclavos. Las comunidades árabes y bereberes que ejercían la esclavitud siguen siendo minoritarias pero conservan su predominio en el norte y cuestionan la legitimidad de las instituciones nacionales, establecidas en la franja fértil, más poblada, de sabanas y suaves planicies, del sur de la región, sede de gobiernos en manos de etnias negroafricanas cuya autoridad permanece bajo la amenaza de la inestabilidad que impera en las fronteras septentrionales, trazadas con tiralíneas en el desierto por los franceses con exclusivo criterio colonial. Los territorios de Mauritania, Mali, Níger y Chad —que con Burkina Faso componen el G5, el grupo de países creado a iniciativa de la Unión Europea para promover la cooperación en materia de Defensa y sobre los que se centra este libro—, penetran cientos cuando no miles de kilómetros en lo que sigue siendo una inmensa tierra de nadie, cuya falta de control ha sido un constante motivo de conflicto. Y foco periódico de insurrecciones. Por las antiguas rutas caravaneras transitan en la actualidad redes de migración irregular, armas y drogas, bajo la tutela de mafias expertas en todo género de contrabando. La sedentarización ha reemplazado al nomadismo en la parte septentrional y la deforestación avanza en la meridional, lo que ha acelerado la erosión del terreno y una urbanización desordenada en ambas parcelas. Se habla tamashek, el dialecto bereber de los tuareg, y el árabe y/o el francés son lenguas oficiales en los cinco países pero en ninguno han forjado una identidad común en una población que además de árabes y bereberes está compuesta por un rosario de pueblos autóctonos. Entre otros, bambara, mandingo, peul, wolof, mossi, soninke, songhai, fulani, bozo, diola, bobo, dogón, haussa. Una larga mayoría profesa el Islam pero subsisten minorías animistas y cristianas. Los partidos políticos son de ideología difusa en una sociedad civil cuya articulación sigue siendo una asignatura pendiente. Las elecciones se convocan con regularidad

pero escasa credibilidad. La corrupción es sisté-
mica. Y los golpes de Estado son continuos. No
hay país que se haya librado de asonadas de los
uniformados. El Ejército tiene pocos recursos,
está mal pagado, mal instruido y mal aprovisio-
nado, carece de instrucción y de disciplina. Pero
es la única institución que vertebra el Estado y
detenta directa o indirectamente el poder político así como el económico en un conjunto de
países que se encuentra en el pelotón de cola
del índice de desarrollo en el continente más
desheredado del planeta. Lo que es decir mucho. De modo que a nadie debería sorprender
que jóvenes y menos jóvenes no dejen escapar la
primera oportunidad a su alcance para emigrar
en condiciones desesperadas. O para alistarse en
grupos criminales que reclutan con la promesa
de un futuro mejor y entre los que proliferan
los que asimismo proporcionan alimento espiritual, un ideal. Y tanto o más importante, un
arma automática, lo único que garantiza la su-

pervivencia; son grupos que practican la yihad, la guerra santa islámica, de larga tradición en la región, adonde la trajeron los guerreros, predicadores y mercaderes que vinieron del desierto. Y cuya versión contemporánea llegó desde un decorado familiar.

El 26 de diciembre de 1991 se detectó un terremoto político en el norte de África que sacudió hasta los cimientos la cuenca del Mediterráneo. Y cuya onda expansiva alcanzó el sur del Sahara. El Frente Islámico de Salvación (FIS) se alzó con una victoria inapelable en la primera vuelta de las elecciones legislativas en Argelia, en la que probablemente fue la primera convocatoria a las urnas celebrada de forma limpia y transparente en el mundo árabe y que ganó irremediablemente el movimiento político inspirado en la revelación del último Profeta. La reacción del generalato fue destituir al presidente de la República, un compañero de estamento, el coronel Chadli Benjedid, suspender la segunda vuelta de las elecciones e ilegalizar el partido que había cosechado un triunfo que era histórico. El Gobierno lo había monopolizado el Frente de Liberación Nacional, FLN, desde el fin en 1962 de una de las guerras de independencia africanas más sangrientas y brutales. Pero lo que vino después de la victoria electoral islamista fue comparable a la atrocidad de la lucha contra la colonización francesa. El Ejército mejor entrenado y armado del Magreb y los grupos radicales escindidos del partido ganador de las elecciones protagonizaron durante más de una década una guerra civil ciega y sorda que según algunas versiones causó la muerte de 200.000 personas aunque nunca se sabrá el número exacto de víctimas. Tampoco quien mató a quien. Las dos partes se acusaron mutuamente de realizar incursiones, con frecuencia nocturnas, para perpetrar matanzas que segaron de-

cenas, cientos o miles de vidas humanas en todos y cada uno de los núcleos urbanos, grandes,
medianos y pequeños, del territorio argelino.
Masacres cometidas por las fuerzas de seguridad fueron atribuidas a los radicales islámicos. Y
viceversa. La guerra civil no declarada terminó
de manera casi imprevista, con el sometimiento
por el Ejército de los principales grupos armados. Tras la victoria de un antiguo héroe de la
guerra de independencia, Abdelaziz Buteflika,
en las elecciones presidenciales de 1999, y la de
los nacionalistas en las legislativas de 2002, se
restableció la autocracia militar. Argelia vuelve
a ser un baluarte de laicismo en el mundo árabe
y las células terroristas que continúan operando
en su interior no suponen ya un peligro para la
estabilidad de un Estado que es el más extenso
de África y comparte más de 3.000 kilómetros
de frontera con Mauritania, Níger y Mali. El
peligro para la estabilidad del Estado se trasladó
al sur del desierto, donde se refugiaron grupos

islamistas que tras su derrota cruzaron la frontera trazada con tiralíneas para crear sucursales en
los países vecinos. Los recién llegados enarbola-
ron en el Sahel la bandera de la yihad, que una
decena años después vino a reforzarse por un
seísmo de efectos comparables al argelino que
se registró en otro país del Magreb y desencadenó una espiral de inestabilidad que aún no ha
concluido al sur del Sahara.

Muamar Gadafi fue localizado el 20 de octubre de 2011 por milicianos de la revolución
que desde hacía ocho meses trataba de desmantelar el régimen fantasmal que había fundado
el excéntrico coronel en Libia. Tras semanas de
persecución Gadafi había encontrado refugio en
una tubería de drenaje de la ciudad de Sirte, de
donde sus captores le sacaron por la fuerza antes
de torturarlo e introducirlo en un todo terreno
que partió con rumbo desconocido. Las imáge-

nes, capturadas por teléfono móvil, circulan en la esfera digital. En internet no se puede encontrar el momento de su muerte. Tras el vídeo de su captura, la siguiente grabación que se difundió en la red fue la que mostraba su cadáver. Lo que ocurrió entre un vídeo y otro nunca ha sido revelado. El cuerpo fue sometido a una autopsia oficial que dictaminó que el líder libio había muerto de disparos de arma de fuego, en el estómago y la cabeza. Lo seguro es que la ejecución sumaria de Muamar Gadafi puso fin al régimen de quien era el decano de los jefes de Estado de África —el coronel había perpetrado su golpe de Estado en 1969 con 27 años—, y dio comienzo a un proceso cuyo desenlace final, como el de la yihad saheliana, queda por conocer. Lo que se conoce provisionalmente es que Libia ha emprendido una senda que le conduce a convertirse en un Estado fallido. En Libia hay ahora dos centros de poder, en la capital Trípoli y en la ciudad oriental de Tobruk, ambos de autoridad volátil y circunscrita al litoral mediterráneo. El resto del territorio, el gran sur, es un avispero en el que operan bandas de crimen organizado tras la dispersión de las unidades del Ejército que era fiel a Gadafi, entre las que figuraban las de mercenarios tuareg que el coronel había reclutado en Malí y que regresaron al Sahel con sus vehículos y un arsenal de armamento ligero y pesado y munición de todos los calibres para sumarse a la guerra santa.

Las rebeliones en Argelia y Libia pueden servir para sacar varias conclusiones. La primera es que la marginación, la exclusión social y la corrupción de las élites es la mejor receta para que prenda una rebelión. La segunda es que una vez que prende la rebelión la clave para que sobreviva el régimen en el poder es la solidez de las fuerzas de seguridad. En Libia se vinieron abajo en meses y con ellas las estructuras del Estado, en Argelia sostuvieron en pie durante años las estructuras del Estado. La tercera conclusión es que el Magreb y el Sahel comparten un cordón umbilical que tiene su matriz en Oriente Medio, cuna de las organizaciones que patentaron la última versión de la yihad antes de fecundar una tras otra ambas regiones. Como en los primeros tiempos del Islam, son organizaciones que imponen por la fuerza de las armas la palabra del Corán más allá de cualquier frontera.

Tanto Al Qaeda como el Estado Islámico no conocen barreras naturales, ni geográficas ni infranqueables; vieron la luz en el desierto.

Osama Bin Laden, que sus biógrafos definen como un joven entonces austero, tímido, serio, educado y beato, llegó en 1980, con 32 años, a Afganistán. La intención era alinearse con la resistencia local y defender el Islam de la invasión de tropas de Moscú que habían ocupado ese país para salvar a un régimen comunista en proceso de derrumbe y evitar que el islamismo rampante en suelo afgano se contagiara a las vecinas repúblicas de Asia Central, que formaban parte de la Unión Soviética. El millonario saudí no fue el único árabe que viajó con el objetivo de combatir a los infieles. El historiador militar Stephen Tanner cifra en 35.000 los voluntarios marroquíes, argelinos, libios, tunecinos, egipcios, sirios, iraquíes y jordanos que lucharon contra los soviéticos en Afganistán. Bin Laden no fue, pues, el único extranjero que se alistó para hacer frente a las fuerzas enviadas por Moscú. Pero si fue el más rico. El dinero le permitió ganar pronto el respeto que siempre permite ganar el dinero, lo que explica bastante de su liderazgo. Con su fortuna personal financió la construcción de una red de túneles y líneas de defensa cavadas en las áridas, rocosas y desérticas montañas del remoto este afgano, fronterizo con el territorio paquistaní. Allí fundó en 1988 su organización, concebida como una escuela de formación política y religiosa instalada en un campamento de entrenamiento y refugio de los voluntarios árabes, con un nombre adecuado para el propósito, Al Qaeda, La Base. Bin Laden tenía como gurú espiritual a Sayyib Qutb, miembro de los Hermanos Musulmanes egipcios y considerado por los estudiosos como el intelectual islamista más influyente de la primera mitad del siglo pasado. Pero ni los Hermanos Musulmanes ni ninguna otra organización del Islam político había llevado en los tiempos modernos la lucha armada fuera de las fronteras de su país de origen. Al Qaeda era la primera organización que se proponía practicar en el siglo XX una yihad de corte internacionalista que empezó a perfilarse un año después de su fundación. En 1989 los soviéticos se retiraron de Afganistán y los voluntarios árabes comenzaron a regresar a sus respectivos países, donde serían conocidos como "los afganos" y a los que Bin Laden prometió, según

Tanner, "importantes beneficios económicos si extendían a escala global" una lucha armada en la que ya tenían experiencia. El estreno de Al Qaeda en los titulares de prensa tendría lugar al cabo de una década. Y en África. Los atentados del 7 de agosto de 1998 contra las embajadas norteamericanas en Kenia y Tanzania dejaron más de 200 muertos. Esa era otra novedad, la dimensión de la matanza, que según algunos expertos tenía la intención de desplazar a cualquier otra noticia de los titulares. El resto es más conocido. Los atentados del 11 de septiembre de 2001 contra las Torres Gemelas en Nueva York y el Pentágono en Washington multiplicaron el número de muertos, más de 3.000, y no desplazaron sino que borraron cualquier otra noticia de los titulares.

El 11-S fue el momento de gloria de Bin Laden, que se convirtió en un personaje tan odiado en Occidente como popular en buena parte del Islam, donde brotó una constelación de grupos que se declararon filiales de Al Qaeda, sin que se haya podido establecer su vinculación exacta con La Base. La opinión más generalizada es que Al Qaeda no ejerce sobre ellos una cadena de mando, que se trata de franquicias cuya coordinación con la organización madre es mayormente declarativa aparte de compartir el sueño de instaurar un califato en el universo conocido. En su mayor parte están compuestos por no más de cientos de hombres armados que compiten entre si por convertir en realidad ese sueño por medio del empleo del terror.

La lista de grupos que se han asociado a Al Qaeda desde Marruecos a Indonesia es prolongada. En el Magreb anunciaron su adhesión a la organización de Bin Laden el Grupo Islámico de Combatientes Marroquíes, el libio Ansar Al Sharia y el Batallón Uqba bin Nafti en Túnez, aunque fue en Argelia donde el llamamiento de Al Qaeda tuvo mayor eco. John K. Cooley calcula en más de 2.000 los voluntarios argelinos que habían combatido en los años ochenta en Afganistán. Afirma que quienes regresaron para apoyar la rebelión islamista de los noventa lo hicieron ayudados por Bin Laden, "que les proporcionó pasaportes falsos y empleos ficticios para que entraran de forma encubierta en su país de origen". Cooley mantiene que el millonario saudí recurrió a su fortuna personal para destinar generosas partidas económicas a los "afganos" argelinos, cuyos grupos armados no dejaron después de unirse, dividirse, coaligarse, atomizarse y cambiar de nombre o de aliado para acabar extendiendo el radio de acción de sus operaciones al Sahel.

La escisión de uno de los más sanguinarios, el Grupo Islámico Argelino, GIA, alumbró el Grupo Salafista para la Predicación y el Combate, GSPC, que se transformó en Al Qaeda del Magreb Islámico, AQMI, que expandió sus operaciones a Mauritania, Malí y Niger, antes de derivar en el Movimiento para la Unicidad y la Yihad en África Occidental, MUYAO, ya con implantación en el conjunto de la región y que se alió con el independentista tuareg Movimiento Nacional para la Liberación de Azawad, MNLA, para proclamar en 2012 la fugaz independencia de un emirato islámico en la mitad norte de Mali.

El fenómeno no tenía precedentes y se produjo tras la muerte de Bin Laden en el asalto el año anterior de un comando norteamericano a la casa donde se escondía en la ciudad paquistaní de Abbotabad, aunque a su desaparición física le había precedido la de su caudillaje. El académico Juan Áviles sostiene que el millonario saudí "había muerto como líder antes de que un soldado norteamericano le disparara en su último refugio". Bin Laden había vivido durante años arrinconado, sintiendo el aliento de Estados Unidos en la nuca. Lo que le restó presencia. Y prestigio. Al Qaeda perdió capacidad de seducción pero sobrevivió a su muerte. Y el relevo ya se había gestado. Si en el Afganistán ocupado por los soviéticos germinó a fines del siglo XX Al Qaeda, en el Irak invadido por los estadounidenses se gestó a principios del XXI el Estado Islámico.

El precursor de la organización que sustituyó a Al Qaeda en la vanguardia de la guerra santa fue un voluntario jordano que hizo su bautismo de fuego en la primera de esas guerras, la de Afganistán. Fue en su condición veterano "afgano" como Abu Musab al Zarqawi creó el grupo Monoteísmo y Yihad, con el que lucharía en Irak contra las tropas norteamericanas como había combatido antes contra las soviéticas. En territorio iraquí rindió pleitesía a Bin Laden y convirtió en 2004 su banda armada en la franquicia de Al Qaeda en Irak. Al Zarqawi era inmisericorde. Fue responsable de matanzas indiscriminadas aunque su imagen de marca fue el asesinato selectivo, con vocación de espectáculo, en ejecuciones públicas. Más aterrador que las imágenes de ruinas humeantes de un edificio reducido a escombros, el medio que utilizó para ocupar los titulares y espantar a las audiencias fue el secuestro de occidentales y enemigos árabes a los que degollaba delante de las cámaras para colgar en internet el vídeo, que emitían en hora punta las cadenas de televisión. El contratista estadounidense Eugene Amstrong fue la primera víctima de la serie. Al Zarqawi causaba pesadillas. Era la bestia negra de las tropas norteamericanas en Irak, que en 2006 acabaron dándole muerte. Nominalmente miembro de Al Qaeda, el islamista jordano era un verso libre dentro de la organización de Bin Laden. Como también lo era la rama iraquí de Al Qaeda, que lo fue aún mas cuando a Bin Laden le sustituyó su principal lugarteniente, el egipcio Ayman al Zawahiri. La distancia ideológica y la enemistad personal entre el sucesor de Bin Laden en Al

Qaeda y el sucesor de al Zarqawi en la franquicia de la organización en Irak, el islamista local Abu Bakr al Baghdadi, era un secreto a voces. La tensión estalló en 2014, cuando Al Qaeda en Irak se declaró autónomo y se unió a disidentes del Frente Al Nusra, a su vez una sección de Al Qaeda en Siria, para fundar el Estado Islámico de Irak y el Levante o Daesh, acrónimo de la transcripción latina de su nombre en árabe, y más conocido por su abreviatura, el Estado Islámico. La nueva organización lograría lo que nunca Al Qaeda, el control de un amplio territorio en el que establecería una administración independiente de cualquier poder estatal. Un protoestado como el proclamado dos años antes en el norte de Mali pero menos efímero, más estructurado y mejor administrado. Sembrado también en el desierto.

La organización de Al Bagdadi aprovechó la debilidad del Estado en Siria y en Irak, donde la fragilidad del régimen de Bechar al Asad por la guerra civil siria y la incapacidad del Gobierno de Al Maliki para gestionar la violencia sectaria iraquí habían dejado sin dueño la frontera común entre ambos países. Fue en un paisaje plano e inerte donde el Estado Islámico tomó el mando, en medio de la nada. Y desde la nada expandió el mando a ambos lados de la línea divisoria hasta proclamar un califato en agosto de 2014 en la ciudad de Mosul, en el norte y la tercera ciudad más importante de Irak, en la que Al Bagdadi ascendió a la dignidad de califa universal con el nombre de Ibrahim, el califa Ibrahim. Mosul sería la capital del califato, que se financiaba con el petroleo de los yacimientos de crudo que habían caído en su poder y tenía en la ciudad de Raza su principal núcleo urbano en suelo sirio. En su época estelar, el califato contó con más de 30.000 hombres alzados en armas en una extensión de decenas de miles de kilómetros cuadrados en los que vivían ocho millones de personas, a quienes impartía justicia, cobraba impuestos, suministraba servicios básicos y castigaba con fuerzas del orden bajo el mandato de la sharia o ley islámica. La milicia del califato se plantó a la puertas de Bagdad, apenas a una treinta de kilómetros al norte de la capital iraquí. El sueño se había convertido en realidad. Antes de volver a la categoría de sueño. Una coalición internacional de extraños compañeros de viaje, a los que solo unía el interés de que el incendio no se propagara en Oriente Medio, puso fin a la utopía. Estados Unidos, Rusia, Turquía, Arabia Saudi e Irán apoyaron con diferentes medios y en distinto grado una campaña militar de Damasco y Bagdad, que recuperaron de manera conjunta el territorio perdido, reconquistaron Mosul y devolvieron en 2019 el califato a la nada.

Como La Base, el Estado Islámico tampoco ha desaparecido después de haber sido el modelo en el que se miró la yihad, de uno a otro confín. Igual que antes Al Qaeda, el Estado

Islámico fue durante años la organización de moda en el islamismo radical. Una galaxia de grupos armados le prometieron fidelidad en la práctica totalidad de los países musulmanes. O de países con importantes comunidades musulmanas, como Filipinas, Rusia y la India. En el Magreb abrió en 2016 una sucursal de corta existencia en Sirte, en el desbarajuste en Libia tras la muerte de Gadafi. Lo hizo también en el Sahel, donde el MUYAO, en la galaxia de Al Qaeda, sufrió una nueva escisión, de la que surgió un grupo que le juró lealtad, el Estado Islámico del Gran Sahara, EIGS, con presencia en Burkina Fasso, Malí y Niger. Otros satélites pasaron directamente de la galaxia de Al Qaeda a la galaxia del Estado Islámico. Fue el caso de Boko Haram, el único grupo armado que opera en la región y cuyo origen no se sitúa en el Magreb sino en Africa Subsahariana. Tampoco entre sus líderes y fundadores tienen ni tuvieron papel alguno árabes ni bereberes. Su ADN es negroafricano.

Boko Haram es un nombre en lengua haussa cuyo significado ha sido objeto de múltiples interpretaciones. Hay quien cree que Boko deriva de la palabra inglesa book, libro, y nadie pone en duda de que Haram es pecado en lengua árabe. Pero el sentido de ambas palabras juntas ha creado controversia. Boko Haram finalmente ha venido a ser traducido en castellano como "La educación occidental está prohibida", lo que resulta inexacto, demasiado largo y un reflejo evidente de la incapacidad blanca para comprender el marco mental negro. Esa es la convención a la que han llegado los lingüistas y de algún modo refleja las circunstancias y motivos del nacimiento de Boko Haram en el estado de Borno, en el extremo noreste de Nigeria, con el boicot y el combate a la educación escolar impartida por ordenes religiosas cristianas como caballo de batalla. Ustaz Mohamed Yusuf, su fundador, tenía vocación docente. Era un predicador que admiraba a los talibanes afganos. El primer grupo que formó era conocido como los "talibanes nigerianos", que como los originales concedían un importancia primordial a la educación islámica en su versión más rigorista. Talibán no significa otra cosa que estudiante. Boko Haram emprendió la lucha armada de manera abierta y pública en 2009, el mismo año en que Yusuf era detenido y linchado hasta la muerte por las fuerzas de seguridad nigerianas. Recogió el testigo su número dos, Abubaker Shekau, que dió un giro al grupo, hasta entonces cercano a Al Qaeda y que en 2015 cambió de lealtad y prometió fidelidad al Estado Islámico, bajo cuya influencia proclamó ese año en la localidad de Gwoza un califato a imagen y semejanza de los declarados en Mali y en Siria e Irak. Boko Haram es responsable de una larga lista de matanzas y crímenes, explosiones de coches bomba, asaltos a colegios e incendios de iglesias con feligreses en el interior. Pero lo que le llevó a los titulares fue el secuestro en 2014 de tres centenares de niñas de una escuela de la localidad de Chibok para convertirlas en esclavas sexuales. Para más señas, niñas cristianas a las que convirtió al Islam, lo que exacerbó la indignación en Occidente, donde se multiplicaron las movilizaciones para su liberación. Tras comprobar el impacto mediático de la sevicia, Boko Haram dobló al año siguiente la apuesta y secuestró a medio millar de niñas en la ciudad de Damasak. A la mayoría se les ha perdido el rastro.

El santuario del grupo está situado en un cruce de caminos. El estado de Borno es fronterizo con Camerún, Chad y Níger, países a los que ha extendido Boko Haram sus incursiones, con las que ha entrado en el teatro de operaciones de la yihad en el Sahel. Su implantación a fines de la pasada década en la depresión del lago Chad causó asombro e incredulidad. El grupo nigeriano se convertía en correa de transmisión entre dos regiones en llamas.

Con más de 220 millones de habitantes, Nigeria es el país africano más poblado. También es la mayor economía y uno de los países más ricos en recursos, con una producción de petroleo que supera al día el millón de barriles de crudo. Pero las tensiones entre cientos de grupos étnicos, un mal gobierno y un peor de reparto de la riqueza mantienen a Nigeria al borde del abismo. Millones de nigerianos, millones de barriles de petroleo, millones de dólares, un alto índice de violencia y una nula capacidad de gestión son las piezas del rompecabezas. En el sur, el delta del Níger es un territorio fuertemente armado y refugio de las bandas de piratas que han convertido a las aguas del Golfo de Guinea en la ruta de tránsito comercial mas peligrosa del mundo para el tráfico marítimo. En el norte, Boko Haram ha ampliado su presencia desde Borno a otros estados fronterizos con el Sahel. El grupo nigeriano extendía así su campo de operaciones entre el Sahara y el Golfo de Guinea, donde aparte de Nigeria han surgido focos yihadistas en países como Benin, Ghana y Costa de Marfil. Igual que en las arenas del Sahara, en las aguas del Golfo de Guinea no hay más frontera natural que la línea del horizonte, donde se juntan el cielo y el mar.

El experto en seguridad militar Jesús A. Nuñez Villaverde dice que "el terrorismo es siempre una estrategia del débil frente el fuerte". Sostiene que "es una opción que elige el que no puede imponer por la fuerza su dictado a otros para tomar el poder en un determinado territorio". Explica que la estrategia del terrorista es esperar a que "el goteo de víctimas y la destrucción acaben quebrando las resistencias hasta lograr que el botín caiga en sus manos".

Partiendo de esa ecuación, y de la base de que la mayoría de los musulmanes no son terroristas ni yihadistas todos los islamistas, podemos convenir en que la versión contemporánea de la guerra santa no ha alcanzado su objetivo.

The Institute for Economics and Peace, think tank australiano que recaba información de 150 países sobre el impacto del terrorismo a escala global, recogió en su informe de 2021 que ese año solo se habían registrado tres atentados yihadistas en Europa, el número más bajo de ese tipo de ataques desde 2012 en el continente, donde los atentados de origen político, entendiendo como tales a los cometidos por grupos de extrema derecha o de extrema izquierda, habían superado de manera exponencial a los de inspiración religiosa. El centro de estudios justificaba en parte el descenso a las restricciones de la movilidad, la prohibición de convocar aglomeraciones y el mayor control de las fronteras que había motivado la pandemia de covid. Apuntaba, no obstante, que la tendencia se inició hace un lustro. Desde entonces los atentados yihadista han ido disminuyendo hasta constituir una quinta parte de los perpetrados por grupos políticos —o por individuos que alegan otras razones y no tienen filiación conocida—, en la llamada Cristiandad.

La situación en el Islam era distinta; no había cambiado, ni para bien ni para mal. Lo que significa que para mal. La yihad seguía golpeando más a sus hermanos de fe que a los infieles. Los diez países que sufrieron con mayor crudeza el terrorismo fueron musulmanes. La lista la encabezaron, por quinto año consecutivo, Afganistán e Irak, cuna de Al Qaeda y el Estado Islámico.

La yihad tampoco cumplía su objetivo en los países donde hunde sus raíces, en su territorio natural de expansión.

En Afganistán recuperaron el gobierno los talibanes, que han vuelto a aplicar la sharia, con todo lo que implica de violación sistemática de los derechos humanos. Desde que ocuparon por primera vez el poder de 1996 a 2001, los talibanes han aprendido la lección del error que cometieron entonces al hospedar a Osama Bin Laden y permitirle planear los atentados del 11-S desde suelo afgano. Los ataques contra el Pentágono y las Torres Gemelas "fueron el pretexto que sirvió a Estados Unidos para invadir nuestro país", admitió al autor de este libro Wakil Ahmed Mutawakil, ministro de Exteriores del Gobierno taliban que en 2001 fue derrocado por las tropas norteamericanas. "Bin Laden nos supuso un enorme dolor de cabeza", reconocería Muttawakil, consciente de que sin la complicidad que prestaron al líder de Al Qaeda posiblemente los talibanes no hubieron perdido nunca el poder. Occidente les hubiera dejado en paz. Los talibanes son integristas de ámbito doméstico. No son internacionalistas. Sus víctimas son el pueblo afgano. Nunca han atentado fuera de sus fronteras mas allá del limítrofe Pakistán. Y tienen a la yihad como su principal enemigo en casa. El atentado más mortífero registrado en 2021 en el mundo fue reivindicado por el Estado Islámico de la Provincia de Khorasan, la franquicia afgana del Estado Islámico, a la que pertenecía el suicida que hizo estallar el 26 de agosto su carga explosiva en el aeropuerto de Kabul y causó la muerte de 170 personas. La intención era impedir que miles de civiles huyeran antes de la llegada de nuevo de los talibanes al Gobierno. El Estado Islámico de la Provincia de Khorasan ha declarado la guerra al nuevo Gobierno taliban, con el que le separa una sideral distancia programática. La filial afgana del Estado Islámico contempla la toma del poder local como el paso previo a la proclamación de un califato universal. Los talibanes se conforman con que la toma el poder local les haya permitido proclamar un emirato dentro de las fronteras afganas.

La resistencia a la yihad tenía otro origen en Irak pero el resultado era el mismo. La mayoría de los iraquíes son chíies, que tras los suníes componen la segunda rama más numerosa del Islam. Los chíies, en contraste con los suníes, no son internacionalistas. El actual Gobierno iraquí está dominado por los chíies y tiene como mayor enemigo a la franquicia local del Estado Islámico, igual que les ocurre a los talibanes. Esa franquicia es un remanente del antiguo califato y se ha transformado en una insurgencia que mató al 71 por ciento de las 524 víctimas mortales del terrorismo contabilizadas en 2021 en Irak. La mayoría, chíies.

En Somalia, Siria y Pakistán asimismo operaba la yihad pero en los tres países a la baja. En Somalia el grupo Al-Shabaab se mantenía en la órbita de Al Qaeda pero no había logrado hacerse con el Gobierno de Mogadiscio pese a que el país hace treinta años que permanece a la deriva. Como en Irak, un remanente del califato subsistía en Siria aunque estaba lejos de amenazar el régimen de Damasco, que acabaría cayendo por islamistas de diferente signo. La yihad era utilizada en el exterior como un instrumento del Estado por Pakistán sin suponer riesgo interno para el Gobierno en Islamabad, bajo la mano de hierro del Ejército.

Casos aparte eran la República Islámica de Irán, el movimiento Hizbulla en el Líbano, la guerrilla hutí en Yemen y el grupo Hamas en Palestina. En ninguna de esas cuatro instancias de poder el carácter universalista corría en paralelo con la vocación teocrática. Las tres primeras son chiíes y la cuarta es suní pero comparte con las anteriores un solo enemigo; Israel.

El Sahel no faltaba en el top ten del terror, donde era el protagonista; se trataba de la región más representada y la única en que había crecido la yihad. Burkina Faso, Malí y Níger no aparecían a principios de siglo entre los 20 países más flagelados por la guerra santa y estrenaban la tercera década entre los ocho primeros y siendo escenario de 10 de los 18 atentados más letales. En los tres países queda aún por dilucidar el último intento de la moderna guerra santa islámica de tomar por la fuerza el poder en un determinado territorio. Y que el goteo de víctimas y la destrucción quiebren las resistencias hasta que el botín caiga en sus manos.

Al Qaeda y el Estado Islámico, sus galaxias y satélites, repartían su presencia en la región pero no a partes iguales y enfrentadas entre si en la lucha por dejar de ser la parte debil y convertirse en la parte fuerte de la ecuación.

El peor atentado en el Sahel y el segundo más grave contabilizado en el mundo en 2021 se produjo el 5 de junio en el pueblo de Solhan, en el norte de Burkina Faso y donde los yihadistas prendieron fuego a casas y mercados con el resultado de 160 muertos, una veintena de ellos niños. El ataque no fue reivindicado aunque las sospechas recayeron en bandas afines al Grupo de Apoyo al Islam y a los Musulmanes, JNIM, según sus siglas en inglés, creado en 2017 y un batiburrillo compuesto por una franquicia de Al Qaeda, tuareg de querencia islamista, bandas escindidas de otras formaciones armadas y combatientes peul, una etnia negroafricana, lo que suponía un ejemplo de la capacidad de la yihad de aglutinar diferentes orígenes tribales. El JNIM fue el grupo más activo en Burkina Faso, donde en agosto atacó un convoy que circulaba en una carretera que unía las localidades de Arbinda y Gordgadji. Mató a 59 civiles y 21 miembros de las fuerzas de seguridad que les servían de escolta. El mismo grupo causó en noviembre otros 53 muertos en una incursión contra un puesto policial. Y 41 víctimas mortales más en diciembre, en este caso todos civiles, al atacar de nuevo un convoy también en el norte del país. Entre las 732 víctimas mortales en Burkina Faso se contabilizaban los periodistas españoles David Berlain y Roberto Fraile, asesinados en mayo junto al ecologista irlandés Rory Young cuando realizaban un reportaje sobre la caza furtiva en la reserva de Pama, fronteriza con Benín.

En Niger y Mali el grupo yihadista más activo y mortal fue ese año el Estado Islámico de África del Oeste, ISWA, según sus siglas en inglés. Esa franquicia del Estado Islámico, compuesta a su vez por el antes llamado Estado Islámico del Gran Sahara, EIGS, y una facción disidente de Boko Haram, fue autora de la segunda mayor matanza de la región, que costó la vida a 137 personas en marzo en la localidad de Tahoua, en el centro de Niger, después de matar en enero a 70 civiles en el pueblo de Tchombangou, en el oeste del país. En ese área el ISWA acabó con la vida de 37 lugareños en agosto en el poblado de Daraidey. Anotar que en Niger la yihad causó 588 víctimas mortales en 2021, el doble que un año antes. Los números eran comparables en Mali, que registró 574 muertos, la cifra más alta en una década. Las mayores masacres en territorio maliense tuvieron lugar en diciembre, en la región de Mopti, en el centro del país y donde 33 pasajeros de un autobús fueron acribillados a sangre fría por yihadistas sin filiación, y en marzo, cuando una emboscada en la ciudad de Gao a una patrulla militar causó igual número de muertos. En la ciudad de Segou, yihadistas sin identificar segaron la vida en octubre de 30 milicianos civiles que defendían aldeas y cultivos.

La mayoría de los ataques en los tres países fueron perpetrados por motoristas armados hasta los dientes y acompañados por todoterrenos artillados, sin que fuera siempre fácil de distinguir los grupos inspirados en motivos religiosos y los que se movían por puro, mero y simple bandidaje. La amalgama de móviles e intenciones era moneda corriente entre los grupos armados, que se financiaban con el robo, el secuestro, la extorsión y los tráficos ilícitos; también es público el apoyo económico que prestan los países del Golfo, en particular Arabia Saudi, a los grupos de inspiración salafista, que en el Sahel tienen como marco preferido para sus incursiones los lugares cercanos a las fuentes de agua, cada vez más escasas y donde tarde o temprano la población tiene que acudir a aprovisionarse, así como las zonas alejadas de los núcleos urbanos, en los que hay menor presencia de las fuerzas de seguridad. La zona cero del terror regional era la conocida como triple frontera, en torno a la confluencia de los territorios de Burkina Fasso, Niger y Malí, donde la autoridad está en manos de bandas yihadistas que rivalizan por el control de los poblados.

Las repercusiones sociales por la espiral de inseguridad desbordaba en 2021 cualquier previsión. La agencia para los refugiados de Naciones Unidas, UNHCR, cifraba en julio en más de un millón el número de desplazados internos en Burkina Faso, donde Amnistía Internacional denunciaba que cientos de miles de menores se habían quedado sin escolarizar debido a la suspensión de clases en los colegios por ataques contra centros educativos cristianos. La familia y el circulo íntimo de amigos era el principal nicho de radicalización y reclutamiento, que incluía un número ascendente de adolescentes. En Mali las denuncias de abusos y violaciones de los derechos humanos alcanzaban a las fuerzas de seguridad y al destacamento militar francés desplegado en el país para luchar contra el terrorismo, que según Amnistía Internacional fue responsable del bombardeo aéreo que provocó la muerte en enero de 22 personas que celebraban una boda en la localidad de Bounti. En Niger se detectaban violaciones rutinarias de mujeres por todas las partes armadas, y las poblaciones, paupérrimas y abandonadas a su suerte por las autoridades, empezaban a simpatizar con las organizaciones de la yihad, que diferían entre ellas en los métodos de captación. El Estado Islámico era partidario de la línea dura y de ejercer medidas de fuerza sobre los lugareños. Al Qaeda optaba por campañas de seducción con la máxima de que para tener éxito la guerra santa debía ganarse el corazón del creyente.

La repercusiones políticas de la deriva en materia de seguridad no eran menos demoledoras. Empezaban a circular rumores de la presencia de los primeros integrantes del grupo de mercenarios rusos Wagner que acabarían reemplazando al contingente militar francés en la lucha contra la yihad en Mali, donde en mayo se producía el segundo golpe de Estado militar en nueve meses, liderado ambos por el coronel Assimi Goita, que desde entonces no ha abandonado la presidencia en Bamako. Como en Malí, el cruce de acusaciones entre la clase política y los militares, superados tanto unos como otros por la imparable actividad terrorista, era el prolegómeno de los dos golpes de Estado castrenses que se registrarían en 2022 en Burkina Faso y llevarían al capitán Ibrahim Traore al poder en Uagadugu. Dos días antes de la toma de posesión en abril del civil Mohamed Bazzoum como nuevo jefe de Estado en Niger se abortaba un intento de pronunciamiento militar en Niamey. Los golpes de Estado habían salpicado la historia de esos tres países en las últimas décadas. La sorpresa fue el reemplazo en el liderazgo en Chad, desde hacía 31 años en manos de Driss Deby, desaparecido en circunstancias no esclarecidas. Según la versión oficial, Deby había caído en combate con un grupo insurgente, el Frente por la Alternancia y la Concordia de Chad, FACC, que tiene sus bases en el desierto libio. De acuerdo con observadores en la región, lo probable es que muriera en un refriega con sus propios hombres. Deby era el decano de los líderes del Sahel, llevaba en el poder desde 1990, y horas antes de morir había renovado su mandato en unas elecciones cuestionadas por la oposición y la comunidad internacional. Según el experto en política chadiana Paul Simon Handy, la ampliación de su presidencia había producido disensiones en el seno del generalato. Handy consideraba que "lo probable es que Deby muriera de fuego amigo". Sea cual fuere el motivo, su muerte causó disturbios en Yamena que costaron la vida a decenas de personas y conmocionaron en los países vecinos, en particular en Burkina Fasso, Mali y Níger. Compuesto por más de 50.000 hombres, el Ejercito de Chad era el más poderoso de la región y tenía destacados contingentes en los países de la "triple frontera" para combatir los grupos armados en el marco de la cooperación en materia de Defensa del G5. El futuro de esos contingentes quedaba en suspenso. Ornella Moderas, del programa del Sahel del Instituto de Estudios de Seguridad, tampoco descartaba que la desaparición respondiera a un ajuste de cuentas de orden interno. "Hay una contradicción flagrante. El Ejército había anunciado dos días antes que los rebeldes habían sido aniquilados. ¿Como es posible entonces que los rebeldes pudieron matar a Deby dos días después?", se preguntaba. Moderan aseguraba que el magnicidio ahondaba la indefensión en el Sahel, donde admitía que se extendía "el pánico".

No pánico pero si inquietud era lo que calaba en los mandos militares del Sur de Europa tras la muerte del presidente chadiano, con un record de violación de los derechos humanos difícil de igualar pero bastión de la lucha contra la yihad en una región que es clave para la seguridad del Norte de África, de la que solo le separa el desierto, donde impera la ley del desierto. Es decir, la ausencia de ley. Y el Norte de África es clave para la seguridad del Sur de Europa, de la que apenas le separa trece kilómetros en el estrecho de Gibraltar, desde cuya orilla meridional se dibujan en la línea del horizonte, entre el cielo y el mar, las costas de España.

Capítulo 2
Imperios

Más de trescientos años después de que el eco de la palabra del Corán hubiera resonado en el último rincón del Magreb los bereberes del desierto permanecían islamizados solo a medias. Comenzaban a hablar el árabe pero conservaban su lengua, que nunca perderían. Los hombres seguían y continuarían cubriéndose el rostro, vestigio de un matriarcado que resistiría también el empuje del patriarcado árabe, que imponía el velo a las mujeres. A principios del siglo XI un jefe nómada de la actual Mauritania, Yahia Ibn Ibrahim, quiso conocer más y mejor la religión llegada de Oriente. Peregrinó a La Meca. En la ciudad santa descubrió la verdad antigua de la nueva fe. Regresó con el fanatismo del converso. Buscó un predicador que islamizara con rigor a su linaje, de la tribu lemtuna. Lo encontró en un joven estudiante de teología, Abdala Iben Yasín, con quien fundó una secta de monjes a quienes instruyeron como guerreros en un ribat o fortaleza, de la que derivaría el nombre de almorabitum, almorávides. Armados con lanzas y espadas, a lomos de camello y con el rostro velado, los miembros de la nueva secta proclamaron la yihad para castigar a los creyentes que no cumplieran a rajatabla las enseñanzas del Profeta. Y convertir a los infieles. Con ambos preceptos se hicieron con un imperio que no duró más de un siglo pero se extendió a lo largo de más de 4.000 kilómetros, desde la Península Ibérica hasta el África Subsahariana, y fue un fogonazo en la Historia. Fundaron en la cordillera del Atlas la luminosa Marraquech, conquistaron el reino de Marruecos, cruzaron el Estrecho de Gibraltar e invadieron Al Andalus, donde su campaña de purificación incluyó la quema de los instrumentos musicales, el cierre de los prostíbulos y el destierro por impío del rey y poeta sevillano Al Mutamid. Hasta que se frenaron en el valle del Ebro.

En el norte el cristianismo recobró el territorio perdido pero en el sur perduraría la huella de los monjes guerreros. Tras alcanzar el río Senegal, los almorávides impusieron a sangre y fuego el Islam en el primer imperio del Sahel, Ghana.

Sin tradición escrita local, lo que se sabe del imperio de Ghana es por el relato de los historiadores árabes, Al Zafari, Al Zhuri y, sobre todo, el cordobés Al Bakri, que describe un Estado que se prolongaba desde el sudeste de Mauritania hasta el oeste de Mali y estaba administrado por un soberano que debía su poder al tráfico a través del desierto, que era anterior al Islam. El empleo de armas de hierro, suministradas por las caravanas que llegaban del Magreb, aseguraba a Ghana la supremacía militar sobre las tribus de la región. El intercambio de la sal, que también traían los mercaderes del desierto, por el oro que obtenía de la región del Golfo de Guinea, garantizaba al imperio su riqueza. La capital, cuyas ruinas se han identificado con el yacimiento arqueológico de Kumbi Saleh, estaba compuesta por dos ciudades diferentes. En la primera habitaban los comerciantes árabes y bereberes y los lugares de culto eran las mezquitas. En la segunda, profana, se asentaba la población autóctona y la corte del soberano, de quien tomaba su nombre el imperio. Al Bakri narra que "el rey concede audiencias para escuchar las quejas de sus súbditos sentado junto a una decena de pajes, en una pabellón rodeado por caballos con gualdrapas de oro". Los almorávides pusieron fin en 1076 al primer imperio de la región, en el que sustituyeron el animismo tradicional por la revelación de Mahoma. Otro cronista árabe, Iben Jaldún, retrataría tres siglos después la conquista de los velados, sin ambages. "Los almorávides dominaron a los negros, devastaron su país y saquearon sus bienes. Destruyeron la autoridad de su rey, les sometieron a tributo y les obligaron a islamizarse", dice el historiador tunecino.

La dispersión de los soninke, que dominaban en el imperio de Ghana, dio paso a la supremacía de otro pueblo que procedía del valle del Níger.

El imperio de los mandingo o de Malí absorbió a mediados del siglo XII el de Ghana y amplió sus dominios por el este hacia la curva del Níger y por el oeste hasta el Atlántico. La fama de su emperador más conocido, Kanka Musa, atravesó mares y desiertos tras visitar en 1324 El Cairo en su viaje de peregrinación a La Meca. Los cientos de siervos, esposas y arrogantes jinetes que componían la lujosa cohorte con que se presentó en la capital egipcia expandió como la pólvora su prestigio. E impresionó en la Cristiandad, donde fue comparado con los monarcas que reinaban en el continente europeo. Kanka Musa presumía de que su imperio se extendía durante "un año", que se tardaba ese tiempo en recorrerse, lo que no podía decirse de ningún reino de la época en Europa. Musa tomó posesión de las minas de sal del Sahara que Ghana intercambiaba por el oro del Golfo de Guinea, con lo que monopolizó el comercio del tráfico de las caravanas, que ya no estaban compuestas por decenas sino cientos de dromedarios. Reforzó la seguridad en el trafico de personas y bienes. Promovió el uso de la lengua árabe. En su reinado surgió una arquitectura que es patrimonio de la humanidad. Las mezquitas de adobe de ciudades como Ualata, Tombuctú y Djenné se transformaron en ejemplo de ilustración, multiculturalidad y tolerancia. Iben Battuta viajó al imperio de Mali y se sorprendió de la liberalidad con que se practicaba la fe del Profeta. "Las costumbres y la moral de esta gente son asombrosas. Los maridos no tienen celos de sus esposas, y les permiten tener amigos que las visitan cuando quieren, a su antojo. Los hijos no remiten su genealogía al marido de su madre sino al hermano de su madre", escribe. El orden social matriarcal no estaba reñido con la práctica del Islam. "Pese a sus costumbres, realizan las oraciones prescritas por nuestra fe, estudian la teología y la jurisprudencia islámica y aprenden de memoria el Corán", prosigue el viajero tangerino en su descripción de Ualata, punta de lanza del imperio en el desierto y puerto de atraque de las caravanas que llegaban del Magreb. Con deslumbrantes diseños geométricos en sus puertas, patios y muros, Ualata es una ciudad única en el catálogo arquitectónico mundial.

Ningún Estado africano podía compararse en poder con el imperio mandingo cuando en el siglo XIV uno de sus pueblos vasallos se sublevó para emanciparse. La insurrección dio inicio al ocaso del segundo imperio del valle del Níger. Y al comienzo del tercero, que como Malí con Ghana absorbió el anterior.

El imperio de los songhay estableció su capital en Gao, donde el cauce del río Níger comienza a regresar al bosque tropical tras haber trazado su curva en el Sahara. El eje Gao-Tombuctú-Djenné era la arteria navegable que articulaba a lo largo del cauce fluvial el imperio de Malí y lo siguió siendo durante el Songhay, que prolongó durante más de otro siglo la supremacía política y militar del Sahel en África del Oeste. El nuevo imperio fue fundado por Sonni Ali, con nombre musulmán pero que mezclaba la fe islámica con las ancestrales creencias animistas, algo que reflejaba el crisol religioso regional pero le ganó la censura de los más piadosos, que le acusaron de recurrir a la magia y las artes ocultas. Su sucesor, Mohamed Askia, más observante, apuntaló el funcionamiento administrativo del imperio, que llevó a su esplendor. Su tumba, de forma piramidal, es una de las joyas que atesora Gao, cuyos soberanos cometieron décadas después un error de cálculo que acabaría trayéndoles la ruina. En un intento por conservar el monopolio del tráfico sahariano, declararon el derecho a explotar las minas de sal de Taghaza, reivindicadas por el sultán marroquí Ahmed Al Mansur, quien no tardó en enviar un destacamento militar que en 1595 conquistó el Imperio Songhay. Los sabios, místicos y estudiosos de Gao, Tombuctú y Djenné fueron deportados a Marruecos por las tropas del sultán saadiano, que incluían la presencia de armas, descendientes de andalusíes que huyeron al norte de África tras la toma del reino de Granada por los Reyes Católicos. "Los armas dicen descender de árabes que fueron expulsados de España y se refugiaron en Fez, Tetuan y Rabat. Acompañaron a las tropas de Al Mansur y terminada la conquista se establecieron en Tombuctú", cuenta el español Cristóbal Benítez, que relata que a fines del siglo XIX, cuando visitó la ciudad, los armas se habían mezclado con las etnias locales y tenían su mismo color de piel pero seguían considerados "los más nobles de la población".

La caída del Imperio Songhay puso punto final a la época de gloria del Sahel. El descubrimiento de América había desviado hacía un siglo el comercio internacional hacia el Atlántico. Se habían diversificado las rutas comerciales. La búsqueda de El Dorado se trasladó al Nuevo Mundo. La región dejó de proveer casi en exclusiva de oro al Mediterráneo y Oriente Medio. La decadencia económica conllevó la política y la militar. Pero el Islam había puesto los cimientos del futuro, había servido de puente de transición entre el sociedad tribal y la sociedad multiétnica. Había aglutinado a pueblos diversos, que profesaban ahora la misma fe. La conversión de las élites urbanas había permitido la forja de estados. La prosperidad generada por el trafico caravanero a través del desierto había pasado, no obstante, a los anales de historia. Y a la memoria colectiva de los pueblos de la región, que recuerdan con orgullo y nostalgia los días en que los imperios medievales del valle del Níger eran admirados en los cuatro puntos cardinales.

El declive respondía a una tendencia generalizada en el mundo musulmán, que había perdido el pulso que durante siglos había mantenido con los reinos cristianos. Antes del descubrimiento de América el imperio portugués había circunnavegado África para aprovisionar al floreciente mercado de esclavos en Europa. A mediados del siglo XIV los navegantes portugueses habían explorado la desembocadura del río Senegal. Para llegar al África tropical era más fácil navegar siguiendo la línea de la costa atlántica que cruzar el Sahara en una travesía larga, penosa e incierta por la inseguridad, las altas temperaturas y la falta de suministros.

Los franceses tenían un pie en el Magreb pero para explorar el sur del desierto siguieron la ruta marítima. Fundaron la ciudad de San Luis de Senegal en una isla del estuario de ese río, donde sentaron sus reales. Desde allí arrancó su expansión colonial. El pionero fue el oficial Gustav Borgnis-Desbordes, que al frente de una columna de soldados franceses y nativos remontó el cauce del Senegal hasta alcanzar el Níger. En las orillas del gran río, a la altura de Bamako, levantó en 1883 un fuerte que supuso "la primera piedra de lo que sería el enorme imperio francés en el entonces llamado Sudan Occidental", en palabras del historiador británico Thomas Pakenham. La principal oposición a la que se enfrentó el nuevo imperio, que llevaba como insignia la fe cristiana, fueron los Imperios Tucolor, de Haj Umar Tall, y Wassoulou, de Samory Touré. Constituían el legado de los imperios medievales y pese a su llamamiento a la guerra santa para combatir el tráfico esclavista cristiano no pudieron impedir que la bandera tricolor acabara ondeando desde el océano Atlántico hasta el lago Chad. Una vez concluida la conquista, el Gobierno de París confiaba en explotar el patrimonio humano y los recursos naturales de la región, que esperaba convertir en la joya de la corona de la metrópolis francesa. En lo que era La India para el imperio británico.

La incursión de Borgnis-Desbordes formaba parte de las empresas descubridoras que en la segunda mitad del siglo XIX lanzaron en África los imperios europeos. Los héroes populares de la época eran exploradores como Mungo Park, David Livingstone, Henry Morton Stanley, John Hanning Speke y Pierre Savorgnan de Brazza, que se aventuraban en lo que era tierra ignota. Aparte de la línea costera, jalonada de fuertes por el imperio portugués, poco o nada se sabía del interior del continente, envuelto en el mito, el misterio y la fábula. Y que despertaba la codicia. Las potencias europeas se disputaban cada parcela de territorio africano con derechos de exploración y explotación difíciles de verificar. Los conflictos de intereses elevaron la tensión política y diplomática. La disputa se disparaba en el caso de los valles de los grandes ríos, caladero potencial de todo de tipo de riqueza. En el valle del Níger, Francia había penetrado en el alto Níger y el Reino Unido en el delta del río, sin que se hubiera establecido con precisión el área de autoridad de cada uno de los dos países. Otro tanto sucedía en el valle del Congo. Y en el Nilo. La rivalidad obligó a convocar en 1885 la conocida como Conferencia de Berlín, donde representantes de los imperios europeos expusieron, discutieron y defendieron presuntos derechos sobre el continente. En Berlín el objetivo proclamado era proporcionar a los africanos "las ventajas de la civilización y garantizar el bienestar físico y moral de las razas nativas", subrayó el anfitrión, el mariscal Otto Von Bismark, unificador del imperio germánico. Faltaba a la verdad. En Berlín se negoció durante tres largos e intensos meses el reparto colonial de África de acuerdo con espurios intereses económicos, políticos y comerciales. El acuerdo final contempló el establecimiento de unas fronteras que básicamente han pervivido hasta el siglo XXI. Cerca de la mitad son líneas rectas, horizontales, verticales y diagonales en función de coordenadas terrestres de longitud y latitud que no tienen en consideración fronteras naturales, religiosas, culturales, tribales, étnicas ni linguísticas. El líder yoruba Obafemi Aowolowo reconocía medio siglo después que su país, Nigeria, "no es una nación, es una pura expresión geográfica. No existen nigerianos en el sentido en que existen ingleses o franceses. La palabra nigeriano sirve simplemente para distinguir a quienes viven dentro de los que viven de fuera de las fronteras de Nigeria".

Francia, Reino Unido, Portugal, Alemania, Italia, Bélgica, España, la totalidad de las potencias europeas se llevaron algo o mucho del pastel. París se hizo con la mayor parte, aunque no necesariamente la mejor, de África del Oeste. En el Magreb terminaría siendo la metrópolis casi exclusiva. Pero el codiciado delta del Níger, germen de la actual Nigeria, acabaría correspondiendo a Londres. Asimismo en el Golfo de Guinea quedaría bajo control británico la Costa del Oro, que una vez independiente cambiaría su nombre por el de Ghana en memoria del imperio medieval que se había extendido al norte de su territorio. El alto Níger y el Sahel serían franceses aunque la producción de recursos naturales no fue la esperada. Además de la explotación comercial, otro de los objetivos de la colonización era cristianar. Y en el Sahel solo fue posible en el sur de Chad y Burkina Faso. En el resto de la región la fe islámica tenía raíces profundas. La misión civilizadora, con el comercial y el religioso el tercer estandarte de los colonizadores, tampoco encontró sitio donde hacía cerca de un milenio no había otra civilización multiétnica y multicultural que la musulmana, que siguió siendo la referencia de la identidad de la mayoría de los pueblos locales.

París dividió en 1895 sus posesiones en dos conjuntos de territorios. El África Occidental Francesa, con capital en San Luis de Senegal y luego en Dakar y que incluía el Sahel excepto Chad, que fue integrado en el África Austral Francesa, el otro conjunto de territorios galos, con capital en Brazzaville. A diferencia del Reino Unido, que optó por administrar las colonias con la mediación de los caciques nativos, Francia impuso una administración directa y centralizada. Las africanos no tendrían los mismos derechos pero si iguales deberes que los franceses. Las cosas empezaron a cambiar en la Segunda Guerra Mundial, cuando la metrópolis fue ocupada por los alemanes y la resistencia francesa recurrió a la población de las colonias africanas para combatir el invasor. El independentismo cobró fuerza con el regreso de los decenas de miles de combatientes africanos que se habían jugado la vida en la guerra por la metrópolis. Su esfuerzo militar había quedado sin recompensa. O con una recompensa que no era comparable a la de los combatientes franceses. A los veteranos de guerra se sumaron las clases ilustradas, educadas bajo el sistema colonial y que conocían los derechos políticos, sociales y sindicales que disfrutaban los ciudadanos en Francia. El punto de inflexión se produjo en los estertores de la conflagración. En Brazzaville, capital de la entonces llamada Francia Libre, el general Charles de Gaulle se comprometió en 1944 ante los representantes de las colonias a suprimir el trabajo forzoso. Prometió que la población africana tendría iguales derechos que la francesa. Entre otros derechos, la elección de sus representantes en la Asamblea Nacional de París.

La idea era que los territorios bajo control galo conservaran en el futuro una unidad de destino, vinculados en mayor o menor grado con Francia. El proyecto se plasmó sobre el papel con el regreso al Gobierno en los años cincuenta del general De Gaulle y la promulgación de una nueva constitución, que incluía la posibilidad de que las posesiones africanas pudieran optar por la secesión aunque priorizaba la configuración de una "Comunidad Francesa", en la que estarían integradas las colonias. La Constitución se sometió en 1958 a un referéndum cuyo resultado Gaulle estaba convencido de que sería favorable a su plan de que la Francia Negra siguiera formando parte de la Francia Blanca. Hasta que surgió un personaje que no figuraba en el proyecto del grandullón general francés. Un guineano, también grandullón, un tal Sekou Touré, hizo campaña en contra del proyecto de

De Gaulle y consiguió que la consulta fuera rechazada de plano en su país, Guinea Conakry, que proclamó de inmediato la secesión. Touré mantenía que "preferimos la pobreza en la libertad que la riqueza en la esclavitud". Sus compatriotas no pudieron elegir entre una y la otra; les gobernaría a continuación durante más de veinte años bajo un régimen de expolio y de terror. Y fueron pobres y esclavos. Pero el mensaje de Sekou Touré —que decía descender de Samory Taore, el líder del Imperio Wassoulou que había combatido hasta los albores del siglo XX contra la penetración colonial—, fue adoptado como un mantra por los revolucionarios de todo el globo. Incluidos los de la antigua metrópolis, a la que el líder de la independencia guineana, asegura su biógrafo Ibrahima Baba Kaké, "solo acabó unido por la enorme cantidad de paquetes de cigarrillos Gitane y Gauloise que consumía. Era un fumador empedernido".

El colonizado le había ganado la partida al colonizador. En toda regla. De Gaulle tampoco pudo impedir que Sekou Touré fuera por extensión el padre de la independencia de todos los territorios bajo control galos, que sufrieron lo que Kean Suret-Canale y A. Adu Boahen califican de "una balcanización". Dos años después de la emancipación en Conakry, en 1960 se sucedieron en cascada y por separado la del resto de colonias de París. También las cinco del Sahel.

La región aparecía en el mapa como una ancha franja territorial cuya importancia estratégica era separar el Sahara, en principio pobre y de difícil control, y el África Tropical, en principio rica y de fácil manejo. Lo que obligaba a cohabitar a pueblos diferentes cuando no tradicionalmente enemigos en espacios de transición geográfica que se convirtieron en estados de viabilidad improbable. La introducción del cristianismo había sido recibida con hostilidad por los musulmanes en algunos territorios. En otros la presencia de la administración francesa había sido reducida y se había circunscrito a la zona fértil, donde los funcionarios, los comerciantes, los sacerdotes y los militares franceses habían constituido una casta superior y asumían responsabilidades que excedían a su cargo, como impartir justicia. El desierto continuaba aislado debido a la falta de vías de acceso. El predominio del Islam había frenado el esfuerzo en materia de educación y el avance de la modernización. El historiador británico Martin Meredith recuerda que en el momento de su independencia "Chad, Malí y Niger eran territorios enclavados, mayormente desérticos, muy poco poblados y desesperadamente pobres. Mauritania era un enorme desierto transitado únicamente por nómadas gobernados desde San Luis de Senegal". Sobre el Alto Volta, después Burkina Faso, apunta que "solo había sido delimitado en 1947", una década antes de recibir de un día para otro, de la noche a la mañana, la libertad.

Sekou Touré había sido su inesperado libertador pero era la antítesis de la mayoría de los líderes locales del África francesa. Los dos principales, el marfileño Felix Houphouet-Boigny y el senegalés Leopoldo Sedar Senghor, habían defendido que los territorios galos siguieran ligados a Francia, en cuya Asamblea Nacional habían sido representantes de las colonias. El aristócrata Houphouet-Boigny, de una rica familia de etnia baulé, y el intelectual Senghor, un serere con profundas convicciones cristianas, tenían un perfil personal e ideológico muy distinto al de Touré, un mandingo de fé islámica que había descubierto su vocación pública en la lucha sindical. Fue la dinámica que había puesto en marcha el guineano lo que había conducido al marfileño y al senegalés a liderar la indepen-

dencia de sus respectivos países. Una etapa en la
que ambos mantendrían su distancia programática con Touré. Como presidentes de los nuevos
estados seguirían apostando por la cooperación
con la antigua metrópolis como ejemplos de una
élite afrancesada que pensaba que la colonización
había aportado estabilidad y desarrollo. Costa de
Marfil y Senegal serían los primeros aliados de
Francia en África del Oeste. Guinea Conakry se
alejaría cuanto le fuera posible de París. Era el
signo de los tiempos. La Segunda Guerra Mundial desencadenó el proceso que condujo a las
independencias africanas; asimismo fue el inicio
de un orden internacional que había dividido el
mundo en dos bloques. Las antiguas potencias
europeas habían sido reemplazadas por nuevos
imperios, con epicentro en Moscú y Washington.

Estados Unidos y la Unión Soviética habían
recibido con entusiasmo la emancipación del
continente. Por motivos distintos.

El derecho de los pueblos a la autodeterminación y a elegir su propio destino era una de las líneas maestras de la política exterior de Estados Unidos desde su secesión del Imperio británico. A esa cuestión de principio, al menos formal, Washington sumaba su interés por la posibilidad de expansión económica y comercial que proporcionaban los nuevos países en un sistema de libre mercado. Antigua colonia británica, Estados Unidos no había dudado en acoger a Kwame Nkrumah, padre de la independencia de Ghana, cuando ese país todavía era posesión de Londres. Un joven y revolucionario Nkrumah había sido estudiante en la Universidad Lincoln de Pensilvania, donde fue inoculado del virus por liberarse de la potencia colonial, que en Ghana era la misma que la de Estados Unidos antes de la independencia norteamericana. Ghana sería el primer país africano en proclamar en 1957 su soberanía y separarse del imperio de Su Graciosa Majestad. La secesión un año después de Guinea Conakry no fue menos bienvenida por la prensa estadounidense. "La Guinea de Sekou Touré salva el honor de África", se leyó en los titulares. La buena acogida a la llegada al poder de Nkrumah y Toure tuvo corto recorrido en Washington; el que tardaron los líderes ghanés y guineano en pasarse el bando rival.

No tanto la búsqueda de nuevos mercados como la carga ideológica fue la razón del apoyo de Moscú a la liberación africana. La lucha anti-colonial figuraba desde su inicio en uno de las principios irrenunciables de la revolución bolchevique, cuyos dirigentes habían sostenido a los movimientos que combatían por la independencia en África y el resto del entonces llamado Tercer Mundo. Lenin había escrito un libro de título inequívoco, "El imperialismo, estadio supremo del capitalismo", en el que afirmaba que "el mundo colonial es la reserva del mundo capitalista". "Lenin prometió desde el principio que la Unión de República Socialistas Soviéticas respaldaría hasta el final a todos los pueblos colonizados", escriben el senegalés Iba Der Thiam y el ugandés James Mulira en su ensayo sobre África y Bloque Socialista, donde destacan el apoyo de Moscú a Nkrumah y Touré y subrayan que antes de las independencias la Unión Soviética había canalizado su ayuda a los movimientos de liberación a través de los partidos comunistas europeos, que en las metrópolis fueron los mayores defensores de la emancipación continental.

Guinea Conakry pagó caro su atrevimiento. La retirada colonial tuvo mucho de represalia. Más de 3.000 funcionarios, maestros, médicos, técnicos, ingenieros y empresarios franceses abandonaron el país sin esperar a un relevo local para mantener en funcionamiento los servicios básicos. El Gobierno de París ordenó llevarse hasta los muebles, las alfombras y los cuadros de los edificios administrativos de Conakry. Era un invitación a que el país recién nacido cayera en las redes de Moscú. Así ocurrió. La mayor parte del resto de colonias francesas de África del Oeste quedaron, por el contrario, integradas en el bloque occidental con terminal en París, con la que suscribieron acuerdos preferentes de cooperación en materia comercial, cultural y militar. El antiguo imperio no gobernaba ya las antiguas colonias. Pero las antiguas colonias dependían aún del antiguo imperio. En la etapa poscolonial, que los historiadores catalogarían de neocolonial, el principal instrumento de dominio fue el poder económico. Francia siguió extrayendo recursos naturales de sus antiguas posesiones, que con el dinero que obtenían con su venta le compraban a su vez a París la práctica totalidad de las manufacturas que necesitaban ¿para qué fabricar algo que se puede comprar? Los gobiernos africanos concedieron a empresas francesas los proyectos de infraestructuras que requerían la construcción de los nuevos Estados, carreteras, aeródromos, puertos, lineas férreas, hospitales, escuelas, centrales eléctricas, rascacielos. Pusieron en manos de Francia su política monetaria, con la creación del Franco CFA, al amparo financiero del Banco Central francés y que regiría en los países recién independizados, que compartirían una aerolínea, Air Afrique, bajo los auspicios de Air France. En la antigua Francia Negra el funcionamiento de los medios de producción se estancó. La industrialización siguió sin arrancar. Las independencias habían generado un estado de euforia. La decepción tuvo igual magnitud. Tres décadas después de emanciparse, la mayoría de los países africanos estaban gobernados por autocracias, juntas militares o regímenes de partido único. La democracia era tan excepcional como el progreso. Los antiguos imperios se habían hecho más ricos; las antiguas colonias, más pobres.

Kwame Nkrumah había vaticinado al declarar la soberanía de Ghana que "una vez que tengamos el poder político, el resto vendrá por añadidura". La frase, tan simple como seductora, inspiró a Sekou Touré para proclamar la independencia de Guinea Conakry. El keniano Ali Alamin Mazrui vendría a matizar a fines del siglo XX la teoría de Nkrumah y Touré. "El poder político era una condición necesaria pero no una condición suficiente. La soberanía política no fue suficiente. Simplemente, no era verdad que lo demás vendría por añadidura", precisó Mazrui, que ejerció de profesor en la Universidad de Michigan y de asesor del Banco Mundial en el África neocolonial, que acabó supeditada a los programas de cooperación y ayuda al desarrollo de los países donantes, las entidades crediticias, los organismos internacionales y las Organizaciones No Gubernamentales, en la mejor de las circunstancias. El poder económico era el instrumento de dominio mientras no fuera imprescindible recurrir a la fuerza.

Mercenarios blancos y un contingente de la ONU liderado por Occidente intervinieron en el antiguo Congo Belga (actual República Democrática del Congo) de 1960 a 1964 para instalar un gobierno anticomunista en Kinshasa; El Ejército británico impidió motines militares ese último año en Kenia; también ese año paracaidistas franceses desarticularon un golpe de Estado en Gabón; la CIA inspiró a los autores de un golpe de Estado que en 1966 llevó al poder a un gobierno prooccidental en Ghana; soldados franceses y belgas volvieron a intervenir en 1977 en el antiguo Congo belga para apagar una insurrección regional; comandos franceses tumbaron en 1979 al Gobierno en República Centroafricana; militares portugueses incursionaron en 1970 en Guinea Conakry; soldados británicos fueron arrestados en 1977 por una intentona golpista en las Islas Seychelles. Las intervenciones militares se iniciaron en los primeros años de la independencia y se sucedieron sin interrupción en las décadas siguientes, en su mayoría para mantener, proteger o imponer Gobiernos pro-occidentales frente a revoluciones, partidos marxistas o guerrillas pro-soviéticas. Tanzania, la República de Congo, Somalia, Etiopía, Benín y Madagascar se encuentran entre los países que en algún periodo tuvieron gobiernos vinculados a Moscú y en las antípodas estratégicas de Washington. Ambos bloques hicieron lo imposible por arrebatarse el control de cada milímetro en juego. En ocasiones, con el solo propósito de que no cayera en las manos del otro. "Vemos a África como el mayor campo de maniobra en la competición que se libra a escala mundial entre el bloque comunista y el bloque no comunista", había advertido en 1962 el presidente norteamericano John Fritgerald Kennedy.

El campo de batalla de los conflictos más enconados con actores interpuestos serían las posesiones portuguesas y África Austral, donde la minoría blanca se mantenía en el poder frente a la mayoría negra. No todo el continente se había liberado del yugo colonial.

El Movimiento Popular de Liberación de Angola, MPLA, y el Frente de Liberación de Mozambique, FRELIMO, recibieron apoyo político, económico y militar de la Unión Soviética antes de la independencia de las dos colonias lusas. El respaldó continuó durante la guerra civil que se declaró en ambas cuando en 1975 se emanciparon tras la Revolución de los Claveles en Lisboa y sus movimientos de liberación tuvieron que hacer frente a organizaciones armadas apoyadas por Estados Unidos, la Unión Nacional por la Independencia de Angola, UNITA, y la Resistencia Nacional Mozambiqueña, RENAMO. Particularmente sanguinaria fue la guerra de Angola, cuya riqueza en crudo y diamantes explica que se alargara por más de tres décadas. El MPLA se transformó en un pozo sin fondo de corrupción y la UNITA se cebó de forma inmisericorde con la población, que acuñó una frase reveladora, "el MPLA roba pero UNITA mata".

El Congreso Nacional Africano, ANC, la Unión Nacional Africana de Zimbabue, ZANU, y la Organización del Pueblo de África del Oeste, SWAPO, fueron los movimientos de liberación respaldados por el bloque soviético para combatir los sistemas de segregación racial que imperaban en Sudáfrica, la Rodhesia británica, después Zimbabue, y la antigua colonia alemana de Namibia. En África Austral la presencia de colonos blancos era mayor y anterior a la de otras regiones. La descolonización fue más larga y dolorosa. Sudáfrica, donde los blancos supusieron cerca de un veinte por ciento de la población, era el paradigma. Los primeros colonos neerlandeses se habían establecido

en el siglo XVII, después llegaron los británicos y a principios del XIX pasó a depender de
Londres antes de alcanzar en 1910 la emancipación, casi en paralelo a que el resto de imperios europeos tomaran posesión de sus colonias
africanas. Sudáfrica llegó a generar el 20% de la
riqueza al sur del Sahara, donde fue su motor
de desarrollo. Y la primera potencia militar, así
como el mayor suministrador de mercenarios
a las guerrillas continentales que combatían el
comunismo. Las primeras elecciones democrá-
ticas por sufragio universal pusieron fin en 1994
a un régimen económicamente exitoso, políticamente perverso y moralmente abominable. Con
su victoria en las urnas, Nelson Mandela terminó el trabajo iniciado por Kwame Nkrumah y
Sekou Touré. Y firmó el acta de defunción de
un sistema que parecía avanzar un futuro distó-
pico. Preconizaba en su ordenamiento jurídico
"el desarrollo por separado y en paralelo de las

razas en espacios previamente asignados". El apartheid.

La caída del Muro de Berlín y el desmoronamiento de la Unión Soviética habían precedido en un lustro a la liberación del último territorio bajo dominio blanco en el continente negro. Los países africanos marxistas adoptaron la economía de libre mercado. Occidente quedó sin nada qué defender ni nadie a quien combatir. Se abría una etapa marcada por el desconcierto. El ensayista Francis Fukuyama vaticinaba "El Fin de la Historia", daba por caducas las ideologías con el fracaso del comunismo. El académico Samuel Hutington anticipaba un "Choque de Civilizaciones", que reemplazaría al enfrentamiento entre ideologías. El presidente norteamericano George W. Bush anunciaba "un nuevo orden internacional", sin que nadie supiera bien ni mal qué era lo que quería decir.

Los ataques del 11-S vinieron a arrojar luz. Occidente había encontrado un nuevo enemigo, lo que siempre ayuda a poner las cosas en su sitio. El hijo de Bush y también presidente George Bush dijo que los nuevos tiempos estarían dominados por "la guerra contra el terror". El Sahel recobró actualidad.

La región había tenido poco protagonismo desde su independencia. En la segunda mitad del siglo XX había atraído poca atención. Pero tenía todos los ingredientes para ser percibida como una seria amenaza por Estados Unidos en su campaña universal para combatir a principios de siglo XXI el integrismo islámico. Tras las invasiones de Afganistán e Irak, Washington situó el Sahel en el punto de mira junto a Somalia y Sudan, países que son su prolongación en el Valle del Nilo del Nilo y el Cuerno de África y con los que comparte la mayoría musulmana, la vulnerabilidad, la inestabilidad, la pobreza. La fragilidad del Estado impedía que los gobiernos extendieran su autoridad sobre áreas que podían convertirse en campos de entrenamiento y refugio de grupos armados. La vecindad de países que exportaban activistas musulmanes, Argelia y Libia, alimentaba ese peligro. Arabia Saudí era su mayor donante en el mundo árabe. Y arrastraba el problema de fronteras que escapaban a todo tipo de control. En definitiva, un terreno abonado para el terrorismo global.

El primer programa militar estadounidense centrado específicamente en el Sahel se creó en 2002, un año después de los atentados en Washington y Nueva York. La Pan Sahel Iniciative fue un plan de entrenamiento y formación contraterrorista que incluyó el adiestramiento por instructores norteamericanos de militares de Chad, Mali, Mauritania y Níger. Al PSI le sustituyó otro programa, la Trans-Saharan Counter Terrorism Initiative, que a la capacitación de tropas de los países sahelianos sumó las de algunos vecinos, Argelia, Libia, Marruecos,

Nigeria, Senegal, Túnez. En la maniobra conjunta Flintlock llegaron a participar en 2005 un
millar de militares norteamericanos y africanos
que simularon la persecución de un grupo terrorista a través de Mauritania, Malí, Níger y
Chad. Las maniobras Flintlock pasaron a cele-
brarse con periodicidad anual con la participa-
ción del Ejercito norteamericano y fuerzas de
sus aliados. La creación en 2007 de una nueva
iniciativa, AFRICOM, englobó los programas
militares de Washington para toda África bajo
un solo mando, cuya sede se instaló en Stuggart,
en Alemania, tras considerar el Pentágono que
establecerla en suelo africano implicaba ries-
gos de seguridad. El periodista norteamericano
Craig Smith publicó en 2004 un artículo en The
New York Times que reflejaba la percepción
que el mando estadounidense tenía del Sahel a
principios de siglo. "Es una región que el Ejército cree que se puede convertir en el siguiente
feudo de Al Qaeda. Hay generales que dicen

que esta vasta y árida región es el nuevo Afganistán". Smith anotaba la existencia de "bandas de militantes islámicos que reclutan, entrenan y arman a la población".

AFRICOM se responsabiliza desde su puesta en marcha de la política militar africana de Estados Unidos. En 2019 contaba con una treintena de misiones y contingentes en una veintena de países, entre ellos Burkina Faso, Chad, Mali y Níger. En la segunda década de siglo bajó de intensidad, sin embargo, la alarma que el Sahel había suscitado en Washington tras el inicio de la llamada guerra contra el terror. La inseguridad había crecido pero se circunscribía al ámbito regional. El Sahel importaba más que exportaba yihadistas. Más que en Estados Unidos el Sahel continuó inquietando en Europa. En primera instancia en Francia, gendarme de sus antiguas colonias.

Bajo diferentes contingentes y formatos, París ha llevado a cabo decenas de operaciones militares en su antiguo imperio. En algunos países, varias veces. En República Centroafricana, en catorce oportunidades. En el Sahel, el país con más número de intervenciones francesas es Chad, donde se repitieron en los años setenta y los ochenta para contener el ansia expansionista de la Libia del coronel Gadafi. La proclamación en 2012 de la independencia del emirato islámico en el norte de Mali suponía el primer gran reto militar que planteaba la región a París en el siglo XXI. La alianza entre grupos islamistas e independentistas tuareg hacia trizas la unidad de una antigua colonia. Más grave para Francia era que desafiaba la autoridad que siempre se ha atribuido sobre sus antiguas posesiones. La lucha contra el yihadismo independentista le ofrecía la oportunidad de defender sus intereses estratégicos. Y su reputación. Bajo mando francés, la operación Serval cumplió ese propósito y en 2013 desmanteló el emirato del norte de Mali. Para dar comienzo a una desastrosa aventura militar. En paralelo a la operación Serval se desplegó una misión de la UE de un millar de soldados para entrenar al Ejército maliense. También a propuesta de Francia la ONU destacó una misión de pacificación, la MINUSMA, integrado por 15.000 cascos azules. El año siguiente la operación Serval se transformaba en operación Berkhane, y aumentaba su dotación hasta los 5.000 efectivos. A esos contingentes se unieron en 2017 una fuerza del G-5, integrada por 5.000 militares, y en 2020 una unidad de fuerzas especiales europeas, la misión Takuba, compuesta por otros 900 soldados. El resultado fue que una década después Francia era expulsada de la región, donde los golpes de Estado no habían dejado de sucederse, se había extendido la yihad, se habían multiplicado los grupos armados, había aumentado la tensión entre las comunidades étnicas y la situación humanitaria era catastrófica. El analista francés Jonathan Giffard, del Instituto Montaigne, destacaba que esos problemas se inscribían en un contexto que París "conocía bien con anterioridad, como son los conflictos por los recursos, el subdesarrollo en las áreas marginales, el mal gobierno y la corrupción". Giffard concluía que Rusia había aprovechado esa confluencia de factores "para colocar sus peones en la zona, alumbrando el sentimiento anti-francés". Dicho de otro modo, el fracaso de la política de París había proporcionado a Moscú la oportunidad de recuperar una presencia que había perdido hacía cerca de medio siglo.

La penetración de la Unión Soviética en el Sahel había sido limitada. En los años sesenta Moscú había auxiliado al padre de la independencia de Mali, el socialista Modibo Keita, a combatir la primera de las muchas rebeliones tuareg que se han declarado en el norte del país. El bloque soviético respaldó en los años ochenta al líder panafricanista Thomas Sankara en el despegue en Burkina Faso de una revolución que se frustró pronto. No era mucho bagaje pero Moscú le ha sacado provecho trayendo de vuelta a la memoria de la opinión pública local la lucha contra el neocolonialismo en aquellos años. Michael Shuskin, experto en el Sahel, investigador de Yale y antiguo colaborador de la CIA, destaca que Rusia ha recurrido para su política de propaganda a la penetración en las redes sociales y los medios de comunicación. "Lo que los rusos han hecho de manera astuta es explotar los fracasos franceses, los fracasos de los régimen sostenidos por Francia y los sentimientos antifranceses presentes en el Sahel. Sentimientos —dice—, de los que Francia tiene una gran responsabilidad por la larga historia de sus intervenciones poscoloniales, por no hablar de la colonización en si misma". La campaña en la esfera virtual precedió a la llegada a Mali en diciembre de 2021 de los primeros integrantes del grupo de mercenarios Wagner, ligado al Kremlin, con la misión de llenar el vacío que se disponía a dejar la retirada militar gala. En 2022, cuando esa retirada fue una realidad, cerca de un millar de mercenarios rusos permanecían destacados en el norte y centro de Mali, según fuentes de inteligencia. De acuerdo con AFRICOM, los paramilitares rusos cobraban diez millones de dólares mensuales, una fortuna para un país como Malí, por frenar sobre el terreno el avance de la yihad. La presencia de los mercenarios y los programas de cooperación que desarrollan Moscú y Bamako por los canales oficiales convergen en una misma línea de acción, que entre otros propósitos incluiría la explotación de materias primas como el oro, bauxita, cobalto, uranio, posibles depósitos de gas y promisorias reservas de litio descubiertas en el territorio maliense. La estrategia rusa impactaría asimismo en la línea de flotación de la política europea. "Otra motivación posible es desestabilizar la Unión Europea estimulando la migración desde África del Oeste. O saboteando los esfuerzos europeos para impedir nuevas migraciones, que es una de las razones por la que los europeos estaban presentes en el Sahel" agrega Shuskin, para quien "las corrientes migratorias han revelado la debilidad de la UE sobre este asunto de efectos corrosivos en la vida política interna de los Estados miembros". El especialista recuerda que la llegada masiva de migrantes ha favorecido el crecimiento de formaciones xenófobas y de extrema derecha en los países de la Unión Europea. Habitualmente críticas con la Alianza Atlántica y la Unión Europea, esas formaciones están con frecuencia financiadas por Moscú y son uno de los instrumentos de Rusia para debilitar la cohesión del club comunitario.

El Sahel no es la primera región africana donde operan los mercenarios rusos, cuya aparición se inscribe en un diseño de mayor calado estratégico. El grupo Wagner había intervenido con anterioridad en República Centroafricana, Libia y Sudán. Tampoco África es el único con-

tinente en el que se desplegaba el ejército privado del presidente ruso, Vladímir Putin. Su par-
ticipación en la guerra civil de Siria había sido
decisiva para mantener al presidente al Asad
en el poder en Damasco durante más de una
década. El brazo armado del Kremlin cumplía
a principios del siglo XXI su última misión en
el Este de Europa. La guerra de Ucrania era el
campo de batalla entre los dos bloques en que se
dividía de nuevo el globo. Como en la segunda
mitad del siglo XX, el Oeste se enfrentaba al
Este, incluido como tal a Moscú pero también
Pekín, cuyo su interés por África se remontaba
a la Guerra Fría.

"África está madura para la revolución", no se
cansó de proclamar Chu En Lai, primer ministro de la China de Mao, en una gira que realizó
en los años sesenta en los países recién independizados. Pekín aplicaría esa máxima respal-
dando a los movimientos de liberación en las
colonias portuguesas y los países bajo regímenes

ALBERTO MASEGOSA

segregaciones de África Austral. Disipada la ensoñación revolucionaria, China centra su actual política en la firma de acuerdos para abastecerse de fuentes de energía, básicamente de petroleo y gas, y abrir líneas de crédito para programas de ayuda al desarrollo que hacen del gigante asiático uno de los mayores acreedores de deuda africana, que asciende a 700.000 billones de dólares. China no ha intervenido militarmente en África. Pero tiene en en el Cuerno de África, en Yibuti, su única base en el exterior y su interés por el sector de la seguridad continental ya se ha dado a conocer. Tras Rusia, es el mayor vendedor de armas en el mercado africano. Igual que Moscú, ocupa los resquicios que dejan libres Washington y París. Como socio, Pekín cuenta con ventajas sobre Occidente. No condiciona sus inversiones al respeto de los derechos humanos. Ofrece imagen de fiabilidad. La discreción es su guía. No se inmiscuye en la política doméstica. Se centra en el negocio. Punto.

108

La Asamblea General de Naciones Unidas votó en marzo de 2022 una resolución en contra de la invasión de Ucrania por parte de Rusia. El resultado reflejó en África la polarización mundial. Entre los 54 países del continente, 28 se mostraron a favor del cese de las hostilidades, 25 se abstuvieron de condenar la ocupación de Moscú y Eritrea fue el único que se pronunció abiertamente en contra de la resolución. El equilibrio de fuerzas se reproducía en el Sahel, donde Níger y Chad se alineaban con el primer grupo, y por el tanto con el Oeste, y Mali y Burkina Faso con el segundo, y por tanto con el Este. En la región no faltaban tampoco recursos naturales, fuerzas militares extranjeras, intereses cruzados, actores interpuestos y la yihad como excusa para convertirse en el próximo escenario caliente de la nueva Guerra Fría.

Capítulo 3

La línea del horizonte, de vuelta

María Lac hubiera podido dejar caer el dedo a ciegas en un mapa y que el azar le llevara a cualquier punto del continente. Ese no fue el caso aunque el azar tuvo mucho que ver con su llegada a Sudan del Sur sin conocer nada de África. Lo hizo a fines del siglo pasado como realizadora de televisión a través de un enlace casual y fortuito en Barcelona con un miembro de la guerrilla que luchaba por la secesión de ese país contra el régimen de Jartum. Recaló luego en Guinea Ecuatorial, donde participó en proyectos de cooperación política. Pero su pasión es el Sahel, que descubrió en 2006 y convirtió en su hogar tras fundar la única agencia de seguridad de carácter privado que permanece operativa a cargo de una mujer en la región.

María ha sido testigo de la cadena de acontecimientos que se han sucedido desde entonces en Mali, su país de acogida. Su profesión le ha obligado a seguir de cerca la escalada de violencia desatada por la rebelión tuareg y la proclamación en 2012 en el norte maliense del emirato islámico, así como su desmantelamiento por las fuerzas francesas y la posterior irradiación de las organizaciones yihadistas en el centro y sur del país y los Estados fronterizos. Estuvo en las inmediaciones del Hotel Radison cuando un comando terrorista asesinó en 2015 a 18 de los 130 rehenes que mantenía cautivos en ese tradicional lugar de encuentro de extranjeros en Bamako. Puede dar testimonio del clima de inseguridad que precedió a los golpes militares que se ensamblaron en 2020 y 2021. Y de los excesos y la expulsión de las tropas galas y el despliegue a continuación de los mercenarios rusos. Ha trabajado para el entorno de los presidentes Amadou Toumani Touré e Ibrahim Boubacar Keita, con cuyas familias mantenía una estrecha relación de amistad. Su agencia Sahel Elite está integrada por antiguos militares europeos que realizan informes de consultoría y se han encargado de la protección de empresarios, políticos y diplomáticos. También han instruido a soldados locales y han mediado en la liberación de rehenes en manos de células de la guerra santa. Su red de contactos se extiende al Ejército, la sociedad civil y los servicios de inteligencia; sabe donde, cuando, como y a quien dirigirse para entrar en contacto con los grupos armados. En Bamako es difícil encontrar mejor terminal de información. Aunque los principios no fueron fáciles.

"Fue duro hacerme un hueco en un sector como el de seguridad, dominado por hombres. Para los franceses, además, Mali era su territorio y no les cabía en la cabeza que una mujer española se atreviera a hacerles la competencia", relata Maria, una aragonesa dulce y menuda, con apariencia frágil y temperamento audaz.

Hablando con ella se tiene la impresión de que lo ocurrido ha sido inevitable. Que el enfrentamiento entre los intereses internos e externos era cuestión de tiempo habida cuenta de la descomposición política, la avidez por las riquezas naturales y la vulnerabilidad de la población ante los abusos de todas y cada una de las partes implicadas en el conflicto que asola el país. Es inmisericorde con los antiguos colonizadores. "La arrogancia de los franceses era insufrible", asegura. Denuncia que "menospreciaban a las autoridades y al pueblo de Mali". Recuerda que "intentaban controlarlo todo". No es menos inmisericorde con la yihad. "Al Qaeda es barbarie en estado puro", sostiene. Tampoco exime de responsabilidad a las autoridades locales. Comprende que los habitantes de las áreas mas pobres acaben en ocasiones seducidos por La Base y el Estado Islámico, por sus galaxias y sus constelaciones. "Las poblaciones se sienten abandonadas por las autoridades y las katibas, los batallones yihadistas, ponen orden en las aldeas, donde hacen lo que el Gobierno no ha hecho en mucho tiempo. Ayudan a los habitantes, les proporcionan todo lo que necesitan, desde comida a medicinas. Les garantizan protección. Muchos miembros de las katibas son conocidos por los aldeanos, a los que les unen lazos de vecindad. Llevan tiempo viéndolos en las mezquitas y los mercados. Es frecuente que despierten en la población un sentimiento de confianza", admite.

Explica que ese sentimiento despierta sospechas entre los militares, que acusan a la población de complicidad con los insurgentes. Una acusación que conduce a periódicos castigos colectivos como el que implicó la entrada en escena de los mercenarios rusos, que no tardarían en estrenarse con un baño de sangre.

En el centro de Malí, próxima a la histórica ciudad de Djenné, Moura es una localidad desde hacía años en poder de una katiba del Frente de Liberación de Macina. Compuesto por milicianos de la etnia peul, ese grupo combate a favor de la yihad y también en contra de la secular discriminación que sufre su comunidad, nómada y ganadera, por parte de las comunidades sedentarias y agrícolas, con las que se disputan los pozos de agua y las tierras fértiles. En marzo de 2022, Moura sufrió la mayor matanza de civiles registrada hasta ese año en el Sahel. La localidad fue cercada por un número nunca conocido de soldados locales y paramilitares del grupo Wagner en una operación de represalia por la presunta complacencia de sus habitantes con los rebeldes que se habían asentado en la población. Los recién llegados bloquearon las salidas de las calles antes de ir casa por casa, apresando hombres y violando mujeres. Cuatro días después se retiraron de Moura. Según un informe de Naciones Unidas, dejaron detrás más de 500 cadáveres. La mayoría de las víctimas habían sido ejecutadas de forma sumaria en un río cercano. La masacre valió de aviso para navegantes. Los mercenarios rusos encontraron el camino expedito en su segunda aparición. En octubre de 2023 partieron con medio millar de soldados malienses en una columna de un centenar de blindados hacia Kidal, la última ciudad en poder de los independentistas tuareg tras la retirada de la MINUSMA, la misión de paz de la ONU que era la única fuerza internacional que proseguía en labores de interposición en el antiguo emirato. Los grupos armados tuareg que controlaban la plaza se retiraron cuando avistaron la columna de los paramilitares del Kremlin. En el remoto macizo montañoso del Adrar de Iforas, el Ejército de Mali y el grupo Wagner tomaron Kidal sin necesidad de malgastar una bala.

Los éxitos militares habían desatado la fiebre del oro. Las minas artesanales fueron los primeros objetivos. La campaña prosiguió con la toma de control en febrero de 2024 del mayor yacimiento del norte, que los grupos tuareg y los yihadistas se disputaban desde hacía una década. El servicio de prensa Agenzia Nova se hizo eco de la entrega de los derechos de la excavación de la mina de Inthaka a "las fuerzas auxiliares" del Ejército, que es como define la junta golpista a los milicianos rusos, en recompensa por los servicios prestados. Aunque poderosa, María apunta que la influencia de Moscú es solo una parte de la ecuación. Y el oro solo una de las materias primas. Ha presenciado como enviados de China, Turquía y Emiratos Árabes trataban de hacerse un sitio entre los aliados de un país que en el sur, en el área de Bougouni, cuenta con las mayores reservas en África del Oeste de litio, la extraña piedra blanca que es imprescindible para la manufactura de ordenadores, teléfonos móviles y baterías de coches eléctricos.

Tres años después del segundo y último golpe militar del coronel Assimi Goita, el giro en política exterior y el expolio de recursos por nuevos socios completaban a fines de 2024 el cuadro del Mali contemporáneo. Pese a la recuperación del norte, la inseguridad imperaba fuera de las áreas urbanas. Decenas de poblados seguían en manos de la yihad. Pero María subraya que Mali ha sido la referencia histórica en el Sahel, donde conserva el mayor patrimonio después de haber vertebrado los imperios medievales. Y tiene la convicción de que Mali está llamado a recuperar el liderazgo que ejerció en los siglos en que las prédicas de los imanes servían de inspiración al clero de los países vecinos, en sus escuelas coránicas se formaban las élites de la región y su ejército era el más temido en el valle del Níger. Destaca que su ejemplo contemporáneo ha sido replicado por los otros dos países del Sahel central, donde ha calado su discurso en contra del colonialismo, como en los primeros años de independencia. En Uagadugu y en Niamey el Ejército asimismo ha tomado el poder para integrar con Bamako un nuevo eje político y militar al amparo de Moscú, que según María ofrece mejores condiciones que París en el combate a la guerra santa.

"Los paramilitares rusos combaten junto a los soldados malienses en el frente. No como los franceses, siempre distantes", dice.

La caída del emirato no solo esparció la yihad por el resto de Malí. En su descenso hacia el sur los grupos armados penetraron en 2015 en el norte de Burkina Faso, donde los milicianos islámicos se hicieron fuertes. La infiltración en el resto del antiguo Alto Volta no se haría esperar.

El país que llevaba el nombre de un río cuando en realidad se trata de tres —el Volta Rojo, el Volta Negro y el Volta Amarillo, que se unen en el sur, en Ghana—, era la única colonia francesa de la región sin población autóctona de origen bereber ni árabe. Su territorio estaba cubierto por la sabana y no penetraba en el desierto debido a su creación en París por ningún otro motivo que poner tierra de por medio entre el Sahara y el África Tropical. El Sahel separaba las regiones del Sahara y el Golfo de Guinea; el Alto Volta separaría las colonias ribereñas del Sahara y las colonias ribereñas del Golfo de Guinea, para aislarlas ante la amenaza de contagio en caso de sublevaciones nativas. La nueva parcela era la cenicienta de las posesiones francesas y la metrópolis la utilizó mayormente como reserva de mano de obra para colonias más ricas e importantes, como Costa de Marfil. El Alto Volta tenía otra característica que lo hacía diferente. Los reinos de la mayoritaria etnia mossi habían luchado durante siglos contra los ejércitos que incursionaban desde los imperios medievales del valle del Níger. Los mossi frenaron durante cerca de un milenio el empuje del Islam en su avance desde el desierto hacia las forestas del Golfo de Guinea, conservando con celo su creencia en fetiches, que aún pervive en el medio rural. La palabra de Mahoma acabó permeando en las zonas urbanas menos por la fuerza que por el comercio. Los yacimientos de oro del territorio atrajeron a mercaderes de Tombuctú y Djenné. Los hombres de negocios del valle del Níger se casaron con mujeres locales, cuya descendencia practicaba la fe mahometana, que en el siglo XXI predomina frente a minorías cristianas y animistas. Pese a la penetración del Islam, el antiguo Alto Volta había estado libre de incursiones de la guerra santa. La implantación de grupos armados desde Mali supuso su bautismo de fuego. La violencia se acabaría multiplicando en progresión geométrica.

De acuerdo con Radio France, seis años después más de 10.000 personas habían perdido la vida en el combate de la yihad y más de dos millones habían huido de sus hogares y eran refugiados internos. Una cuarta parte de la población, cerca de cinco millones de personas, necesitaba de urgencia asistencia humanitaria. Dos tercios del territorio estaba controlado por los insurgentes en un país que era el más azotado por los estragos del fanatismo religioso en el Sahel. Jean-Marc Gravellini, investigador del Instituto de Relaciones Internacionales y Estratégicas de Francia, apuntaba "la existencia de conexiones entre la guerra santa y las organizaciones del crimen organizado, el tráfico de drogas, la trata de personas y el saqueo de materias primas". El flujo terrorista se había invertido. Los grupos armados llegados de Mali planeaban desde el país que habían colonizado operaciones en los Estados vecinos; tanto del norte, como el propio Mali, como del sur, entre otros Benin.

Faltaba que la conjunción astral alumbrara un mesías. Sucedió.

A primera vista el capitán Ibrahima Traoré se presentaba como una reeencarnación del capitán Thomas Sankara, el militar panafricanista y revolucionario que había rebautizado en los años ochenta el Alto Volta con el glorioso nombre de Burkina Faso, el País de los Hombres Honestos, toda una declaración de principios. Traoré tenía el atrevimiento político y el verbo apasionado de Sankara, a quien igualaba en discurso incendiario y adelantó en precocidad. Cuando el 30 de septiembre de 2022 dió su golpe de mano, Traoré se invistió con 34 años como el jefe de Estado más joven del planeta.

Igual que en Bamako, las banderas rusas ondearon en Uagadugu tras la asonada, que había sido precedida por acusaciones contra las fuerzas francesas acantonadas en Kamboinsin, en las afueras de la capital, de inmiscuirse en los asuntos internos, posiblemente con motivo. Esas acusaciones elevaron las voces de indignación popular con los militares de la antigua metrópolis; voces que escuchó la junta golpista. En febrero de 2023 la enseña tricolor fue arriada en el cuartel de Kamboinsin. A diferencia de Goita, Traoré no es parco en palabras pero en contraste con su par maliense ha sido discreto en reconocer el aterrizaje de los mercenarios rusos. Hasta marzo de 2024 los satélites no detectaron su primera base en el extrarradio de la capital burkinabe. La luna de miel con Moscú se había iniciado el verano anterior.

San Petesburgo había sido el marco en julio de 2023 de la II segunda cumbre Rusia-África, donde Traoré arrebató a Putin el alma con un discurso que parecía sacado de los anales de la extinta Unión Soviética y concluyó con una proclama fraternal, "Patria o Muerte". La cumbre ruso-africana de San Petesburgo supuso la confirmación pública de Burkina Faso como aliado de Rusia y el ascenso de Traoré en la escala de favoritos de Putin. El presidente burkinabe apareció a la derecha del ruso en la foto de familia al concluir el cónclave. En términos de protocolo, el lugar principal, a la vera del anfitrión.

La noticia de actualidad no se registraba en aquel momento, sin embargo, en la antigua capital imperial rusa. Un día antes del inicio de la cita de San Petersburgo, un golpe militar ponía fin en Niamey a un Gobierno civil que había sido fiel a Occidente. Níger tomaba el relevo del País de los Hombres Honestos como nuevo aliado de Rusia, cuyo tercer socio en el Sahel es una prolongación morfológica del resto de la región; también del resto del Sahara.

El Air es un macizo montañoso tan imponente como el Tassili argelino, el Adrar mauritano y el Adrar de Iforas maliense; en pleno Sahara, ese macizo montañoso ocupa el centro geográfico de Níger, cuyo territorio permanece anegado en sus dos terceras partes septentrionales por el desierto. El Air oculta petroglífos deslumbrantes y refinadas pinturas rupestres, como el Tassili. Y abundantes restos prehistóricos de cuando el Sahara era un vergel, como el Adrar y el Adrar de Iforas. Tras la desecación, el Air fue habitado por clanes bereberes empujados hacia el sur a partir del siglo VII al tiempo que en Mauritania y Mali, por la llegada de los árabes al norte de África desde Oriente Medio. Sus descendientes tuareg establecieron en el XVI su capital al pie del macizo montañoso. Agadez no desmerece por su legado histórico de Ualata, Gao, Tombuctú y Djenné. El alminar de su mezquita central, de 27 metros, es el más alto de la tradicional arquitectura regional de barro seco atravesado por vigas de madera cuyo precursor fue el granadino Abu Ishak, que ha pasado a la historia con el patronímico de su tierra de exilio, el-Saheli. El Air esconde más tesoros. Al este del macizo montañoso, en el Teneré, conocido por su desolación como el desierto de desiertos, se localizan algunos de los principales yacimientos de uranio del globo. Níger es el cuarto productor mundial del mineral con que se fabrican bombas nucleares. Tras el desmantelamiento del emirato en Mali, las minas de uranio del Air fue donde la yihad inició su operaciones en Niger, con ataques en Agadez y el yacimiento de Arlit.

La yihad había encontrado un espacio de expansión en un territorio enorme y desértico, gemelo a Mali, con el que comparte una superficie superior a Francia y España juntas. Grupos como Los Defensores de la Fe, Al Qaeda del Magreb Islámico y la MUJAO trasladaron su campo de operaciones a las áreas limítrofes con Mali y Burkina Faso, la mortalmente célebre triple frontera, y al este y el norte de Níger. En vísperas de la cumbre de San Peterburgo, fuentes oficiales cifraban en 700 el número de civiles y en 500 el de militares muertos desde la aparición de la guerra santa, cuya capacidad de desestabilización había sido en Mali y Burkina

Faso el pretexto del Ejército para llevar a cabo el golpe de Estado. En Níger la razón fue más trivial. El general Abderrahman Tiani era el jefe de seguridad del presidente civil Mohamed Bazoum. Y Bazoum había decidido cesarle. Pero Tiani se anticipó. Y cesó a Bazoum. "Tiani se sublevó únicamente para defender sus intereses personales", afirma la activista Mariama Djibrine, que desvincula el asalto militar al poder de cualquier otra motivación. Subraya que los golpes de Estado del Ejército son el medio habitual para acceder al Gobierno en el Sahel. Piensa que Tiani recurrió sencillamente al medio acuñado por los vecinos cuando supo que Bazoum le iba a relevar. Así que Tiani se autoproclamó presidente. El siguiente episodio tuvo visos de "dejá vu".

Miles de manifestantes inundaron las calles de Niamey en apoyo del Ejército. Ondearon banderas rusas y se escucharon eslóganes contra Francia, que planteó un desafío a la junta golpista. El personal diplomático francés se atrincheró durante dos semanas en su embajada, rechazando la orden de expulsión cursada por las nuevas autoridades militares. La legación fue cercada y el embajador Sylvain Itté tuvo que ser evacuado en helicóptero antes de que se retirara el contingente galo desplegado en el país. Mas sorpresa causó la ruptura del acuerdo que permitía a Estados Unidos mantener desde 2012 dos bases en Níger, en Agadez y Niamey. La junta golpista justificó la ruptura por "las objeciones" que había interpuesto Washington a los nuevos aliados del país africano. Esta vez el nuevo aliado al que Estados Unidos miraba con recelo no era Rusia. En Mali y Burkina Faso había mercenarios rusos: Níger había evitado su despliegue, probablemente por el temor del Ejercito a perder mando y autonomía. Moscú se había limitado a enviar instructores para adiestrar a los militares nigerinos en el manejo de armamento ruso y sistemas de defensa. El nuevo aliado de Niamey al que Washington miraba de reojo era Teherán. Un mes después de la ruptura del acuerdo militar con EEUU la prensa de la oposición iraní publicaba en Londres que la junta golpista había vendido al régimen de los ayatolás 300 toneladas de "pasteles amarillos", que llevan ese nombre por el color que adquieren los bloques de uranio antes de su enriquecimiento para la fabricación de bombas atómicas.

El giro se escenificó el 6 de julio de 2024, durante la primera cumbre de una nueva confederación compuesta por las tres naciones cuyos regímenes golpistas se habían incorporado a la órbita rusa tras ser los más castigados por la yihad. El coronel Assimi Goita, el capitán Ibrahim Traoré y el general Abderrahman Tiani se veían por primera vez las caras en vivo y en directo para suscribir, en el Palacio de Congresos de Niamey y con uniforme militar reglamentario, el acta fundacional de la confederación de la Alianza de Estados del Sahel. Malí, Burkina Faso y Níger se comprometían a su mutua defensa contra la guerra santa. Y se desligaban de las asociaciones prooccidentales de la región, el G5 y la Comunidad Económica de Estados de África Occidental, CEDEAO, para iniciar un inédito proceso de integración política y económica que incluía la eliminación de las fronteras en un espacio de libre circulación de bienes y personas con un mercado común, un parlamento único y una sola moneda en la línea del horizonte.

El proyecto era atractivo. E inverosímil. Ninguno de los tres países controlaba la totalidad del territorio en el que pretendían implantar la nueva confederación. Las juntas golpistas no habían logrado frenar la violencia, que fue su promesa cuando tomaron el Gobierno. En algunas áreas, la yihad había avanzado.

El autor nigerino Seidik Abba anota que "en el primer año de Gobierno de Tiani la yihad se ha extendido a poblaciones de Níger donde antes no operaba". Apunta que "la yihad ha matado más en el año de Gobierno militar de Tiani que en los dos años de Gobierno civil de Bazoum". El Ejército tampoco había ganado terreno en Mali y Burkina Faso, donde amplias zonas periféricas permanecían bajo organizaciones yihadistas y grupos de autodefensa armada. Un mes después de la proclamación de la nueva confederación regional 600 civiles eran asesinados por milicianos de Al Qaeda en el País de los Hombres Honestos. Los verdugos grabaron un vídeo en el que se les ve llegando en motos al poblado de Barsalogho, al norte de Uagadudu y donde los aldeanos cavaban trincheras para proteger sus casas. En la siguiente secuencia las zanjas aparecen cubiertas de cadáveres; las trincheras se habían convertido en tumbas a cielo abierto. Los testigos relataban que Barsalogho se había quedado sin hombres. Viudas y huérfanos eran sus únicos habitantes. La incendiaria narrativa de Traoré no había surtido efectos mesiánicos. Barsalogho sustituía a Moura como escenario de la mayor matanza en el Sahel. En Barsalogho los milicianos de la guerra santa habían acusado a las víctimas de complicidad con el Ejército. En Moura el Ejército había justificado su incursión por la complacencia de los aldeanos con la yihad. En ambas matanzas eran los civiles quienes habían caído en el fuego cruzado. Los viejos demonios familiares también habían regresado a Mali, donde la guerra santa se había vuelto a aliar con el independentismo tuareg. La nueva alianza rebelde causó a los mercenarios rusos su mayor derrota en África. Y la pérdida de su aura de invencibilidad. Tras retirarse de Kidal, los grupos armados que gobernaban en la capital del remoto Adrar de Iforas se habían refugiado en la frontera con Argelia. El Ejercito de Mali y sus "fuerzas auxiliares" les fueron a buscar con el despliegue de blindados y helicópteros. Fueron masacrados por insurgentes tuareg y yihadistas, que distribuyeron por internet escenas de la matanza de 84 paramilitares del Kremlin y 47 soldados locales. Tras la mayor humillación sufrida por los mercenarios de Moscú le llegó el turno al régimen militar de Bamako. Una célula de Al Qaeda asaltó en septiembre de 2024 una escuela policial y el aeropuerto internacional de la capital maliense. Los yihadistas mataron a un centenar de personas y destruyeron varios aviones, incluido el aparato presidencial en que viajaba Goita. La vejación a los golpistas superaba en mucho a la sufrida por el Gobierno civil que ejercía el poder cuando se produjo el ataque al hotel Radison hacía una década.

Las nuevas masacres confirmaron que la confederación regional creada al amparo de Rusia era un fiasco. Los rusos no habían tenido más éxito que los franceses en la lucha contra la guerra santa. Revelaron asimismo que el Sahel se ha convertido en el nuevo campo de batalla de conflictos que se libran en otras regiones, con los que mantiene abiertos vasos comunicantes. Occidente, Rusia y el Islam radical habían prolongado en la región los enfrentamientos que mantienen en otras coordenadas geográficas. Lo que no permitía prever el fin del conflicto regional a corto ni medio plazo.

Tras la emboscada a los mercenarios rusos en Tinzaouten, el portavoz del servicio de inteligencia militar ucraniano, Andriy Yusov, aseguró que la matanza había sido posible gracias a la cooperación de Kiev. Aseveró que los rebeldes tuareg de Mali habían recibido de su país "la información necesaria que les ha permitió ejecutar la operación contra los criminales de guerra rusos". La portavoz de la cartera rusa de Relaciones Exteriores, María Zakharova, respondió acusando a Ucrania de apoyar a "grupos terroristas que luchan contra países amigos de Moscú". "Ucrania ha abierto un segundo frente en África", alertó la portavoz de la diplomacia de Putin.

En ocasiones las apariencias engañan. El Sahel tiene para Rusia poca importancia geoestratégica. "La región no es prioritaria para Rusia como lo son el antiguo espacio soviético, China o Asia Central", subraya Igor Delanoé, del think tank Observatorio Franco-Ruso. "Para Rusia, el Sahel solo cumple un papel en la dinámica creada por la guerra en Ucrania", afirma el experto en las relaciones entre París y Moscú. "El apoyo de los países de la región se traduce para Rusia en votos cuando la guerra de Ucrania se plantea en los foros internacionales", explica. Argumenta que el Sahel no supone por su lejanía una preocupación para el Kremlin en el ámbito de la seguridad ni la inmigración. Ni su presencia tiene el objetivo preferente de promover intereses comerciales, inversiones empresariales ni programas de cooperación al desarrollo para extraer reservas energéticas, como China. Pero Moscú está obligado a garantizarse el mayor respaldo posible en la comunidad de naciones cuando sale a subasta en la escena global su pulso territorial con Kiev. El Sahel puede defender en esas ocasiones sus intereses, para lo que Rusia cuenta con una baza a su favor. Históricamente, los mercenarios han sido claves para mantener o derrocar gobiernos en los países donde han sido contratados. La prioridad de los paramilitares rusos sería en última instancia sostener a los regímenes golpistas frente a turbulencias internas antes que la lucha contra la guerra santa.

Si Ucrania ha surgido como un actor nuevo, la enemistad con la yihad es antigua. Su enfrentamiento con Rusia se remonta a la guerra de Afganistán en los años ochenta del siglo XX y desde entonces ha tenido varios escenarios. Entre otros, Siria y Chechenia. Y el área metropolitana de Moscú, donde el ataque que en marzo de 2024 segó la vida de 136 personas en la sala de conciertos Crocus City Hall fue reivindicado por el Estado Islámico de la Provincia de Khorasan en el marco del arreglo de cuentas pendiente entre ambas partes desde hace medio siglo.

Maria Lac piensa que la yihad internacional influye relativamente en el modelo en el que se miran los grupos armados locales, que es distinto al de otras latitudes. Distinto y más próximo. María es de la opinión de que "los yihadistas del Sahel se conformarían con forzar un negociación para el reparto de algunas áreas de poder e imponer un régimen donde se respete más la religión". "Un régimen en el que se hable más árabe y menos francés y se priorice la enseñanza del Corán en las escuelas", precisa. "Un régimen —resume—, como el de Mauritania", un país vecino y con larga tradición canónica. Antes de la colonización era conocido como el País de Chingueti por albergar la considerada en el mundo árabe la séptima ciudad santa del Islam.

Chingueti se encuentra a una distancia cercana a la estratosférica del resto de ciudades de la lista de la que forma parte. A diferencia de La Meca, Medina, Jerusalén, Damasco, Bagdad y Kairuán, en Chingueti no han asomado los tiempos modernos. A la séptima ciudad santa musulmana no llegan trenes, aviones ni carreteras. Hasta la segunda mitad del siglo pasado solo era accesible a lomos de dromedario por un paisaje lunar. Los días se han reducido a horas pero las pistas son las de siempre para atravesar en todoterreno entre fantasmagóricas formaciones tubulares el antiguo cauce fluvial cubierto de dunas en el que se surge como un espejismo una vieja, pequeña y austera ciudad de piedra seca, a medio devorar por el viento y la arena, en peligro de extinción.

De acuerdo con la académica francesa Ge-
nevieve Desiré-Vuillemin, Chingueti era una
antigua escala caravanera que no fue sacralizada
hasta la llegada en el siglo XVI desde Yemen de
una tribu árabe de pretendido origen jerifiano, o
chorfa, o descendiente del profeta Mahoma. La
tribu jerifiana de los Ada Ou Ali fue la que proporcionó a la ciudad su fuerza magnética para
atraer como un imán religioso a las tribus nómadas del Sahara Occidental que emprendían
desde allí la peregrinación a La Meca. Los pere-
grinos traían de regreso manuscritos que habían
adquirido en su viaje por el orbe islámico, que
abarcaban obras de todas las ciencias conocidas
en el Medioevo, entre las que destacaban per-
gaminos coránicos de mística y teología que los
notables de Chingueti conservaban en sus casas.
Fueron sus bibliotecas las que le ganaron cele-
bridad a la ciudad en un entorno que esculpió
entre sus habitantes un carácter grave y severo
por la hostilidad del clima y la aridez de la na-

turaleza. El País de Chingueti se extendía por un territorio de un tamaño similar al de Malí y Niger pero con solo una décima parte de su población y aún más desértico, en su 90 por ciento aparentemente deshabitado, aparentemente infinito y aparentemente estéril. Un territorio que invitaba a la introspección.

El pasado ha dejado huella. El diplomático A. Traoré dice que el actual ordenamiento jurídico y protocolo social del antiguo País de Chingueti "llevan a pensar en una teocracia". La actual República Islámica de Mauritania es el único Estado en África Occidental que proclama en su nombre una fe religiosa. Su primera Constitución estipuló en 1960 que "la religión del pueblo mauritano es la religión musulmana", una constante en las sucesivas leyes fundamentales; la aprobada en 1985 señalaba que "el Islam es la religión del Estado y del pueblo"; la de 1991 incluyó que "la única fuente de derecho son los principios del Islam". La inspiración en la sharia o ley islámica se refleja en la administración de Justicia, que se dicta en el nombre de Alá y castiga la apostasía, la conversión a otra fe y las faltas de respeto a la revelación de Mahoma. A los textos legales les acompaña un extremo rigorismo social. En Mauritania está prohibida la venta y consumo de alcohol. La liturgia mundana no permite a los hombres mirar a las mujeres a los ojos. Para evitar miradas furtivas. Y saludarlas con un apretón de manos. Para evitar el roce de su piel. El puritanismo y la observancia religiosa no impidieron que Mauritania fuera el primer blanco de la guerra santa en la región, lo que obligó a suspender en 2008 el rally París-Dakar. El rally no ha vuelto a atravesar los parajes del Sahel, que eran su imagen de marca.

Una semana y media antes de la prevista llegada de la carrera cuatro miembros de un grupo de cinco turistas franceses habían sido asesinados con armas automáticas al sureste mauritano.

A fines del año siguiente una patrulla militar sufrió una emboscada cerca de la mina de hierro de Zuerat, la mayor fuente de ingresos del país. Una docena de soldados cayeron cautivos, y fueron mutilados y ejecutados. El argelino Grupo Salafista para la Predicación y el Combate, GSPC, se atribuyó la atrocidad bajo las siglas de Al Qaeda del Magreb Islámico, AQMI. En la primera década de siglo los grupos yihadistas procedentes de Argelia iniciaban su mutación para adaptarse a un nuevo habitat.

El régimen mauritano desplegó una campaña de concienciación entre los ulemas locales para evitar la radicalización de los jóvenes de las escuelas coránicas por parte de los predicadores extranjeros. Y creo unidades militares especializadas en la vigilancia fronteriza, con la instalación de puestos de control en los 2.300 kilómetros de desértica línea divisoria con Mali, nuevo santuario de los grupos armados. El caso es que Mauritania no ha vuelto a sufrir ataques de la yihad, una excepción en el Sahel.

Varias razones se pueden barajar para explicar el éxito, incluida la de que más del sesenta por ciento de los mauritanos descienden de los nómadas que emprendían su peregrinaje desde Chingueti, e integran un cuerpo social relativamente compacto. Tras siglos de tráfico esclavista el color de piel es cuestión de grados pero esa mayoría se identifica culturalmente como arabo-bereber. Y esa mayoría ocupa el Gobierno. Mauritania es el único país de la región miembro de la Liga Árabe. El único también donde los antiguos esclavistas conservan el poder, que han articulado desde la independencia con regímenes militares o amparados por el Ejército que se han sucedido los unos a los otros mediante golpes de Estado en los que en su mayor parte no ha habido derramamiento de sangre. La asignatura pendiente es el sometimiento y marginación de las minorías negras del valle del

145

rio Senegal, en el extremo sur y caladero de esclavos desde el Imperio Almorávide. La esclavitud se prohibió por ley en 1980 pero organizaciones como El Hor denunciaban a principios del siglo XXI su continuidad bajo otro tipo de dependencia, como la explotación laboral y el servicio doméstico.

La arabización social, la confesionalidad religiosa y un sistema político en el que el traspaso de poder se produce sin demasiados sobresaltos explican que Mauritania sea una singularidad entre países vecinos cuya historia está marcada por las guerras y las convulsiones sociales. Hasta el punto de que Mauritania sirve de tierra de asilo a poblaciones perseguidas en los países vecinos. Según el Gobierno de Ould Ghazouani, el actual presidente en Nuakchot, Mauritania acoge 400.000 refugiados extranjeros, casi un diez por ciento de la población total de un país que es el único de la región con acceso al mar. Su fachada atlántica es la principal plataforma de salida de migrantes hacia las Islas Canarias, el territorio de la Unión Europea más cercano al Sahel y en estado de emergencia por el desembarco irregular de personas que huyen de una panoplia de conflictos. Más de 40.000 migrantes habían llegado en los diez primeros meses de 2024 al archipiélago español procedentes en su mayoría de las costas mauritanas. Los restos de otros 9.000 reposaban en el fondo marino al naufragar en la travesía sus embarcaciones, según la ONG Caminando Fronteras. Las Islas Canarias han relevado al Estrecho de Gibraltar como puerta de entrada a suelo europeo. El flujo humano se ha visto alimentado por el conflicto regional. Y por conflictos más distantes. En el archipiélago se han identificado migrantes de Somalia, Siria y Pakistán que han cruzado transversalmente el Sahara tras partir del Cuerno de África, Oriente Medio y el Subcontinente Indio.

La crisis migratoria en la que Mauritania es tanto tierra de asilo como tierra de tránsito tiene su nudo gordiano en Mbera, el mayor campo de refugiados del país. Según datos oficiales, ese campamento, próximo a la frontera con Mali, acogía en 2024 un cuarto de millón de refugiados. En buena parte pertenecían a etnias perseguidas en el país limítrofe, tuareg y peul, por participar en rebeliones armadas o la guerra santa. Lo que convierte Mbera y la zona fronteriza en foco de tensión entre Bamako y Nuakchot. Porque entre las claves para entender que en Mauritania no opere la yihad figura el pacto tácito de su régimen con los grupos armados para que no perpetren ataques en el antiguo País de Chingueti a cambio de cerrar los ojos si lo hacen fuera de sus fronteras. Soldados malienses y mercenarios rusos han violado repetidamente en la tercera década de siglo el territorio de Mauritania en persecución de esos grupos, en incursiones en las que han causado decenas de víctimas antes de regresar a Mali a través de la invisible linea divisoria que separa a ambos países en el desierto.

Mauritania es un buen ejemplo de que las fronteras trazadas con compás y tiralíneas son el principal pecado capital del colonialismo; en el extremo oriental del Sahel hay otro buen ejemplo, en una encrucijada de caminos donde confluyen los territorios de los cuatro Estados que son ribereños de un antiguo mar, en este caso interior. A saber, el lago Chad.

El proyecto era unir todas las colonias africanas de Francia. Tres expediciones militares cumplirían el objetivo. Partirían de las posesiones francesas del norte, el centro y el oeste del continente. La primera expedición emprendería la marcha desde el Magreb, la segunda desde la cuenca del Congo, la tercera desde el valle del Níger. El plan era que las tres convergiesen en el lago Chad, todavía en disputa entre las potencias europeas y que París contemplaba como una extensión natural de sus otros territorios. Aunque con dificultades, las dos primeras expediciones alcanzaron la meta. La tercera escribiría uno de los episodios más vergonzantes de la historia colonial. El capitán Paul Voulet y el teniente Charles Chanoine habían arrasado el año anterior a sangre y fuego el reino mossi de Uagadugu. El antecedente no fue un obstáculo para que el mando les encomendara liderar la columna que en el verano de 1898 partió de Tombuctú. Cerca de 2.000 personas integraban la misión, en la que solo nueve eran oficiales franceses. El resto lo componían soldados nativos, porteadores y un nutrido grupo de mujeres para solaz de la tropa. Las atrocidades se iniciaron pronto. Al cabo de un mes se acabaron las provisiones. Voulet y Chanoine ordenaron a sus hombres que saquearan las aldeas que encontraban a su

paso, antes de prenderles fuego y que fueran
pasto de las llamas. Los aldeanos que se resis-
tían eran torturados, decapitados y sus cuerpos
colgados de los arboles para ser devorados por
las aves carroñeras. La falta de víveres propició
la aparición de epidemias que diezmaron a los
expedicionarios. El hambre y la sed provoca-
ron deserciones masivas. Un centenar de porteadores y soldados nativos fueron ejecutados
por tratar de huir. El eco de la deriva sangrienta llegó a oídos de las autoridades coloniales,
que enviaron al teniente coronel Jean Francois
Klopp para arrestar a Voulet y Chanoine. Klopp pudo seguir la pista de Voulet y Chanoine
por el rastro de muerte y destrucción que de-
jaban atrás. Pero le asesinaron cuando les divi-
só cerca de la ciudad de Zinder, reliquia de la
cultura hausa, en Níger. Se produjo entonces
un fenómeno sin precedentes en África. Los
oficiales proscritos renegaron de su naciona-
lidad y de su uniforme militar, se declararon

nativos y se proclamaron emperadores de las tierras que les quedaban por delante. "Renuncio a mi familia y a mi país, ya no soy francés, soy africano", afirmó Voulet. "Soy el jefe de una legión de guerreros africanos con los que vamos a crear un imperio que será inexpugnable", arengó a sus hombres, junto a Chanoine. El delirio no fue a más. Sus hombres les asesinaron en un motín. Y fueron enterrados bajo una acacia. Ahí empezó la leyenda. Veinte años después se abrieron sus tumbas para exhumar los cadáveres. Las tumbas estaban vacías. La leyenda aseguraba que Voulet y Chanoine habían logrado escapar con vida y seguían vagando por el desierto para hacer realidad su sueño.

Según el historiador norteamericano Douglas Porch, el horror de la llamada Misión de África Central se conoce gracias a los archivos del antiguo ministerio francés de las Colonias, actual ministerio de Ultra Mar. Esos archivos son la prueba documental de lo que ocurrió en una expedición que el Gobierno de París hizo lo imposible por desterrar al olvido porque desacreditaba a su imperio africano. París justificó la deriva sangrienta de Voulet y Chanoine diagnosticándoles una enfermedad imaginaria que bautizó con el nombre de "sudanita". Estaría motivada por el sol abrasador y el calor asfixiante, que derretían el cerebro con el resultado de la perdida progresiva de la razón. La respuesta era más simple. Aquel año, el británico Joseph Conrad publicaba El Corazón de las Tinieblas, la novela de mayor culto entre los aficionados a África y una crítica feroz a la codicia criminal que despertó entre los exploradores europeos la colonización del continente, ávidos de fama, poder y riqueza. El Corazón de las Tinieblas reveló que barbarie y civilización no eran antónimos en el conocido en aquella época como el continente oscuro. La novela está ambientada en el Congo. Cuando salió a la venta, en el Sahel la realidad superaba con creces a la ficción.

El lago no es en la actualidad el que nunca llegaron a contemplar pero pudieron imaginar Voulet y Chanoine, que soñaban con un edén en medio del desierto. En los últimos 50 años su extensión se ha reducido en un noventa por ciento debido a la evaporación por el calentamiento global y la subida de las temperaturas, las sequías y la sobreexplotación por el crecimiento demográfico. Cuarenta millones de personas dependen directa o indirectamente de sus aguas para sobrevivir. Cientos de islas e islotes han emergido en su superficie, que originalmente era de 25.000 kilómetros cuadrados y se ha convertido en un laberinto de ciénagas, marismas y remansos. La retirada de las orillas ha corrido en paralelo a la pérdida de profundidad y la desaparición de decenas de especies de peces. Miles de pescadores se han visto obligados a convertirse en agricultores. Y a disputarse con los ganaderos los riegos para los pastos y los cultivos. Los cambios de medios de vida han traído el desplazamiento de población. Y el desplazamiento de población ha generado el enfrentamiento entre pueblos costeros. La desertización ha asolado la cuenca del lago, una franja geográfica que se extiende verticalmente desde el Norte de África hasta el África Central, flanqueada en el oeste por el valle del Níger y en el este por el valle del Nilo. Un área que supone el ocho por ciento de la superficie total de África y cuyas corrientes fluviales descienden cada año más exiguas hacia la depresión del terreno que ocupa el antiguo mar interior, en el centro de gravedad del continente.

Tampoco el panorama político es el proyectado por Francia, que no logró el objetivo de hacerse con la integridad del lago, repartido en la actualidad entre antiguas colonias francesas y también inglesas. Níger, Nigeria, Camerún y el propio Chad comparten lo que queda de sus aguas, en una maraña de líneas divisorias tan invisibles como las trazadas en el desierto y que han facilitado la implantación de la guerra santa. Frente a la predominio de la Al Qaeda y el Estado Islámico y sus satélites en el resto del Sahel, el lago Chad es el feudo de Boko Haram. La organización yihadista nigeriana está integrada principalmente por miembros de la etnia kanuri, que se considera heredera del imperio de Kanem-Bornu, contemporáneo en el Chad de los imperios medievales en el Níger. Lo que ha exacerbado la rivalidad de esa etnia con grupos tribales como los hausa y fulani, a los que Boko Haram busca someter. Boko Haram ha perdido bastante de su poder destructivo pero en la tercera década de siglo XXI los milicianos de su principal escisión, el Estado Islámico de África Occidental, siguen penetrando desde Nigeria en los territorios de los otros países ribereños, atacando cuarteles y expoliando aldeas para el robo de ganado, el cobro de impuestos, el reclutamiento de jóvenes y el secuestro de mujeres para forzarlas al matrimonio.

El director del Centro de Seguridad y Estudios Estratégicos del Sahel, Aly Tounkara, mantiene que la depredación de la yihad es el último de una serie de conflictos que le han precedido y se han cronificado. "El conflicto de la guerra santa se ha sumado al conflicto de la lucha por los recursos naturales, el conflicto entre los agricultores y los ganaderos por las zonas fértiles, el conflicto por los enconos étnicos, el conflicto por la miseria, la corrupción y el mal gobierno, el conflicto por los problemas creados por la crisis climática", desglosa. Tounkara considera que la interrelación de ese cúmulo de conflictos "complica la búsqueda de soluciones" en la medida en que dificulta la identificación de "la verdadera naturaleza del actual conflicto regional", que en el país que lleva el nombre del lago ha abierto un compás de espera.

Chad es el mayor país del Sahel. Y el país con mayor diversidad territorial, étnica y cultural. En el norte se alza el macizo del Tibesti, que con más 3.500 metros de altura es la cumbre del Sahara y no parece de este mundo. En la zona central se extienden planicies áridas y la sabana. Los bosques del sur anticipan las junglas tropicales. Menos de veinte millones de personas se distribuyen en 200 grupos tribales cuyo color de piel transita del bronce al negro conforme se avanza hacia el sur. El islam impera en la mitad septentrional, donde los tubus compiten con los tuareg como el pueblo más indómito que surca el desierto. Tradicionalmente el cristianismo y el animismo eran las religiones de la mitad meridional, de mayoría étnica sara y en la que después de la independencia han prosperado las conversiones a la fe del último Profeta. Además del mayor, se trata del Estado menos estructurado socialmente y más desarticulado políticamente de la región. En síntesis, en Chad no falta ingrediente alguno para que su historia moderna esté jalonada por insurrecciones armadas, guerras civiles, golpes de Estado y dictaduras militares. En mayor número que en ningún otro país del Sahel. El país que lleva el nombre del lago no conoce transición de poder sin violencia.

Hombre de armas y déspota a partes iguales, Driss Deby fue quien supo conservar durante más tiempo el mando en Yamena. Su régimen, de más de tres décadas, ha sido el más largo. En el interior empleó el terror como método de gobierno. En el exterior se movió con habilidad entre países vecinos que son auténticos campos de minas. Se hizo un nombre combatiendo a la Libia de Gadafi, el vecino del norte y cuyas tropas ocuparon en los ochenta la banda de Auzú, en el Tibesti. Aceptó después el asilo que le ofreció el coronel libio cuando a fines de esa misma década cayó en desgracia, precisamente por haberse hecho un nombre. Se refugió a continuación en Sudán, el vecino del este y donde su etnia zagawha conserva lazos tribales, para lanzar desde ese país la insurrección que le permitió tomar en 1990 la capital chadiana. Posteriormente apoyaría a sus parientes tribales de Darfur, que se rebelaron durante la crisis humanitaria que devastó a principios de este siglo esa región sudanesa. Deby entraba siempre en juego en la serie de insurrecciones que quitaban y ponían presidentes en el vecino del sur, la República Centroafricana. Por último y mas importante, fue el primer líder regional en prever que el desplome del régimen de Gadafi desencadenaría una escalada de inestabilidad en Mali que se extendería por todo el Sahel. Criticó que la OTAN colaborara en la caída del líder libio, que huía de los bombardeos de un caza francés cuando se escondió en la tubería de drenaje de la ciudad de Sirte donde fue apresado antes de su linchamiento por una multitud. Pese a esa crítica, acerba, el líder chadiano fue el principal aliado de Francia cuando hizo falta desmantelar el emirato en Mali y convertirse en el paladín de la lucha contra la yihad. Con sus operaciones militares en los países vecinos, Deby tuvo la destreza de transformar en un activo el control de las volátiles fronteras de Chad en defensa de los intereses de Occidente.

Deby no tenía amigos ni enemigos, dependía del momento y el contexto. Posiblemente pagó con su vida esa circunstancia. Tres años después de su muerte en 2021 persistía la versión de que sucumbió en un enfrentamiento con su generalato y no en combate con un grupo rebelde, como divulgó su entorno militar y familiar, que posiblemente también fue el que eligió como sucesor a su hijo natural, Mahamat. En caso de magnicidio, las primeras sospechas recaen en las personas más cercanas a la víctima. Las personas que les merecen mayor confianza.

En el interior, Deby hijo apunta maneras de Deby padre. Las fuerzas de seguridad mataron a decenas de manifestantes que pedían la convocatoria de elecciones después de su designación a dedo para ocupar la presidencia. Las elecciones se celebraron en mayo de 2024, con el escrutinio previsto. Mahamat Deby las ganó a la primera vuelta tras el asesinato tres meses antes de su principal oponente, Yaya Dillo, en una nueva intervención de las fuerzas de seguridad. Queda por saber si el hijo ha heredado asimismo las dotes del padre en el exterior, donde los países vecinos siguen siendo auténticos campos de minas. El sur de Libia continúa en manos de grupos rebeldes y traficantes de armas. La crisis humanitaria de Darfur ha conducido a una atroz guerra civil en Sudán. República Centroafricana permanece en el caos. La novedad fue el viaje que el actual presidente chadiano hizo en enero a Moscú para entrevistarse con Putin, en la primera visita de un jefe de Estado de su país a Rusia. El contenido de la reunión es un enigma. Como lo es el motivo de que once meses después pidiera en noviembre a París que evacuara de Chad al millar de soldados que componían el último contingente francés en el Sahel. Francia había sido desde la independencia el principal aliado militar de Chad, que por su situación geográfica entre el Sahel, el Magreb, el Este de África y África Central es un país axial y un aliado indispensable para quien tenga intereses estratégicos en el continente. Y la decisión del joven Deby situaba a su país en el fiel de la balanza; Chad podía conservar los vínculos militares que siempre había mantenido con Occidente o unirse a sus vecinos e inclinar definitivamente la región hacia la órbita de Rusia para afrontar el próximo capítulo de la Guerra Santa al sur del Sahara, que ese año amenazaba convertirse en endémica.

En un informe que había publicado en febrero de 2024, The Institute for Economics and Peace adelantaba una primicia. El informe precisaba que el Sahel había escalado puestos en el ranking mundial de violencia armada "hasta desplazar a Oriente Medio y ocupar en la actualidad el epicentro del terrorismo internacional". Indicaba que el 47 por ciento de las ocho mil muertes por terrorismo en el globo se habían producido en esa región africana. El centro de estudios australiano situaba a Burkina Faso como el país más azotado por los grupos terroristas. Por primera vez ese lugar no correspondía a Irak ni Afganistán. En el informe se apuntaba otra tendencia relevante. "Desde la Segunda Guerra Mundial no se registraban tantos conflictos armados", anotaba. Citaba la alarma por las guerras de Ucrania y Oriente Medio. Y advertía de "la falta de perspectivas para poner fin a los conflictos regionales mediante acuerdos de paz". Un proceso que al factor humano en el Sahel se sumaba una dificultad añadida; la irremediable devastación medioambiental provocada por el crecimiento en el último siglo del desierto en un diez por ciento debido a los fenómenos naturales. Esto es, por causa y efecto de los agentes del tiempo, que traman en silencio la historia.